高等职业教育"十二五"规划教材

高职高专会计类精品教材系列

出纳实务与技法

杨斯迈　主编

郭德民　赵　睿　黄建明　副主编

科学出版社

北　京

内 容 简 介

出纳工作是企业会计核算和监督活动不可或缺的环节。本书以出纳岗位流程为主线,以会计核算和监督活动的现金结算和银行结算管理及明细分类核算为个案,系统地介绍出纳人员应当具备的岗位技能与知识、业务步骤和相关手续,以最新版仿真的凭证、账簿资料,展示出纳工作所涉及的单、证、票、账等,增强感性认识。

本书内容充实、新颖,采用多案例、重实训、互动式等编写方法,传授知识与训练技能并重,理论与实践密切结合。

本书可供高职高专院校会计类专业作为教材使用,也可作为社会相关行业出纳人员提高业务水平的自学教材,对企业经理和财务人员加强基础管理和资金管理也有所裨益。

图书在版编目(CIP)数据

出纳实务与技法/杨斯迈主编.—北京:科学出版社,2011
(高等职业教育"十二五"规划教材·高职高专会计类精品教材系列)

ISBN 978-7-03-031530-4

Ⅰ.①出… Ⅱ.①杨… Ⅲ.①出纳-高等职业教育-教材 Ⅳ.①F23

中国版本图书馆 CIP 数据核字(2011)第 112791 号

责任编辑:李 娜 朱大益 / 责任校对:马英菊
责任印制:吕春珉 / 封面设计:东方人华平面设计部

科学出版社 出版
北京东黄城根北街16号
邮政编码:100717
http://www.sciencep.com
三河市骏杰印刷有限公司印刷
科学出版社发行 各地新华书店经销

*
2011年 6 月第 一 版 开本:787×1092 1/16
2016年 12 月第九次印刷 印张:11 3/4
字数:273 000
定价:29.00 元
(如有印装质量问题,我社负责调换〈骏杰〉)

销售部电话 010-62134988 编辑部电话 010-62137374(VF02)

前　言

会计是对经济主体的经济业务进行计量、记录、分析、检查，以对其经济业务进行预测、参与决策及实行监督的一种经济管理活动，以便实现最优经济效益。会计的主要职能是反映和监督。在实施财务会计主要职能的活动中，出纳是不可或缺的一项工作。在当今市场经济条件下，货币资金渗透于社会经济生活领域，无论是营利性企业，还是非营利性组织，只要有钱、物的经济活动，就不能缺少会计和出纳岗位。

出纳的"出"指支出，"纳"指收入。出纳工作是对资产要素中流动性最强的货币资金、票据、有价证券支出和收入进行管理的一项工作。具体的出纳工作包括按照有关规定和制度办理现金支付、银行结算及有关账务，保管库存现金、有价证券及有关票据等工作等。广义地讲，只要是票据、货币资金和有价证券的收、付、保管、核算，都属于出纳工作。

会计实践工作中，在设置会计岗位的同时，还设置出纳岗位，以便于账务、现金和现金等价物管理工作的相对分离，充分体现现代管理中"岗位和人员的制衡及协调"的原则，以确保经济主体财产物资的完整、安全、不被侵占和不受损失。这也充分说明，出纳既不是可有可无的，也不是没受过任何理论及实际技能训练的人都可以胜任的。

从高校会计专业毕业的学生，刚走上社会工作岗位，要想做到"无缝对接"，给主管部门留下良好的第一印象，就应该具备"写一手漂亮的好字，做一手漂亮的好账"，以及熟练运用计算工具（打一手好算盘及用好计算机、财会软件）和点钞等技能。这些都是本书所涉及和着力阐述的基本技能。本书提供出纳人员必须掌握的出纳知识和应当具备的出纳技能，熟练处理现金和银行存款的收、付、存、取业务，确保企业和事业单位货币资金的安全与完整。

任何实用性强的理论、知识和技能都要强调"与时俱进"。2005 年以来，中国人民银行发布并实施了新版票据和结算凭证，2005 年版第五套人民币正式流通；2006 年财政部发布了最新的《企业会计准则》，同时，税收法规、现金管理制度也都进行了改革。本书为了提供出纳人员应具备的新知识、新思维和新技能，已将上述变化后新的知识和技能囊括在内。

本书编写强调"以出纳能力为本位，以面向学生为主体，以出纳实践为导向"的宗旨，注意学生综合出纳能力的培养，力求全面、实用、新颖，语言简练，文字通俗易懂。书中关于出纳实务方法的演示，力争做到直观、形象，既方便教学讲解，又兼顾读者自学。

本书编者均是教学第一线多年耕耘的老师，同时又全部具有会计师、注册会计师的技术资格和多年的实践经验。除此之外，编者还参考了大量的资料，在此对这些资料的作者表示深深的敬意。

本书是集体劳动的结晶：第一、二章由刘鲜丽编写；第三、四、五章由宁会珍编写；第六、七章由赵睿编写；第八、十、十一章由黄建明编写；第九章由郭德民编写；郭德民负责统纂全稿；杨斯迈教授提出编写大纲，并在全书成稿后进行了仔细审查。刘玉伟参与了全书图表的制作和编写。

由于水平有限，本书中不足和错漏之处，敬请读者不吝赐教。

目　　录

出纳基础知识

1

第一章

出纳工作是单位会计工作的重要基础，随着市场经济的不断发展，出纳工作显得越来越重要。出纳工作的对象是记录、反映和监督所在单位货币资金的收入和支出、货币资金的存入和提取；出纳工作的职能可概括为收付、反映、监督和管理；出纳工作的基本程序包括出纳业务的处理程序和出纳账务处理的组织程序。

知识目标

- 出纳的含义。
- 出纳工作的对象。
- 出纳工作的职能和任务。
- 出纳工作的方法和程序。

能力目标

- 明确出纳工作的对象。
- 熟悉出纳工作的职能和任务。
- 掌握出纳工作的方法和程序。

第一节　出纳工作的意义

一、出纳的产生

会计自产生以来，经历了由低级到高级、由简单到复杂的发展过程。在这一发展过程中，出纳也随着货币及货币兑换业的出现而产生了。为了解决物物交换的不便，固定的充当一般等价物的特殊商品——货币应运而生；而货币的出现又直接导致了新的行业——货币兑换业——出纳的产生。

货币从商品交换过程中分离出来，充当一般等价物后，商品交换变得更加简单和频繁了。但是，由于某地区的货币只能在该地区范围内使用，为商人在异地从事商品交换带来了不便。于是，社会上逐渐出现了一种专门从事货币兑换的行业。这些兑换商便是最早的出纳，而他们所从事的工作，便是原始的出纳工作。

随着商品经济的不断发展，很多兑换商利用兑换货币的工作，取得了高额报酬，他们又以此作为积累财富的手段，不断拓展自己的业务，并将这些财富作为资本，办理存放款业务，于是便促进了银行业的发展，这便是最早的银行出纳。而专门只为某个商人从事货币兑换及货币收支业务工作的，就是社会出纳，以后逐渐发展为单位出纳。

二、出纳的含义

出纳中的"出"是指支出、付出；"纳"则指收入。从广义上来说，出纳是泛指发出和收进的管理工作。作为会计名词，出纳在不同场合有着不同的含义，它既可以指人，也可以指一种岗位，还可以指现金和票据的付出与收进这项工作。

从广义上讲，只要是票据、货币资金和有价证券的收付、保管、核算，都属于出纳工作。它既包括各单位会计部门专设出纳机构的各项票据、货币资金、有价证券的收支业务处理，票据、货币资金、有价证券的整理和保管，货币资金和有价证券的核算等各项工作，也包括各单位业务部门的货币资金收付、保管等方面的工作。狭义的出纳工作则只指各单位会计部门专设出纳机构的各项工作。

出纳人员是指担任出纳核算，从事出纳工作的会计人员。出纳人员也有广义和狭义之分。从广义上讲，会计部门的出纳工作人员和业务部门的各类收款员（收银员）都是出纳人员。狭义的出纳人员仅指会计部门的出纳员。

三、出纳的特征

任何工作都有自身的特点和工作规律，出纳工作是会计工作的重要组成部分，不但具有一般会计工作的属性，也有自己独特的工作特征。出纳的特征主要包括以下几个方面。

1. 时间性

出纳工作具有很强的时间性，如何时发放职工的工资、核对银行对账单与银行存款日记账，交纳相关税金等，都有严格的时间要求，一天都不能延误。因此，出纳人员都要按照一个预定的时间表，及时办理各项工作，保证出纳工作顺利完成。

2. 专业性

出纳工作是会计工作的一个重要岗位，有着专门的操作技术和工作要求。出纳人员应当具备扎实的会计专业基础知识和熟练的出纳工作技能，如出纳凭证的填制与审核、出纳账簿的登记、货币资金的收支业务、支票的签发与保管等，都是一个出纳人员应掌握的职业技术。

3. 政策性

出纳工作是一项政策性很强的工作。由于现金、银行存款等货币资金的变现能力都很强，因此要求出纳人员必须熟悉各种财经法规和银行结算规则，并有很强的守法意识。《中华人民共和国会计法》（以下简称《会计法》）、《会计基础工作规范》等法规对出纳工作提出了具体的规定和要求，如现金的支付必须按照《现金管理条例》办理；银行存款的结算必须按照《支付结算办法》办理。

4. 细致性

出纳工作是会计工作的基础，也是会计工作的基础环节。要使会计工作能够正常、有序地进行，就要求出纳人员要具有较强的责任心，认真细致地工作，避免因工作上的疏漏而影响整个企业资金周转、使用。

5. 社会性

出纳工作担负着一个单位与货币资金有关的所有业务，此外，各种有价证券以及其他金融业务的办理，也离不开出纳人员的参与，而这些任务的完成是置身于整个社会经济活动的大环境之中的，是与整个社会的经济运转相联系的。只要这个单位发生经济活动，就必然要求出纳人员与之发生经济关系。因此，出纳工作具有广泛的社会性。

四、出纳工作的意义

出纳工作是单位会计工作的重要基础，是单位经济业务活动的第一道"关卡"。随着市场经济的不断发展，出纳工作也变得越来越重要，其重要性主要表现在以下三个方面。

1）出纳工作是单位会计核算的基础工作，只有做好出纳工作，才能为整个会计工作的良性发展提供必要的支持。

2）出纳工作范围包括办理现金的收付和银行的结算业务，以及现金、票据、有价证券的保管，出纳人员只有拥有高度的责任感、熟练的技能和扎实的专业知识，才能避免给单位带来不必要的经济损失。

3）出纳工作质量的好坏直接影响着单位财务管理水平和单位经营决策。出纳能否合理安排、调度资金，能否及时准确地提供单位货币资金活动信息，能否保证货币资金的安全与完整等，都会对单位的会计核算和经营管理产生重要影响。

第二节　出纳工作的对象和内容

一、出纳工作的对象

出纳工作的对象即记录、反映和监督所在单位货币资金的收入和支出、货币资金的存入和提取。也就是说，它的主要工作范围为各单位货币形态的资金运动。

1. 货币资金的收入和支出

按照生产流程，企业的生产经营可分为供应、准备、生产、销售四个阶段。经营资金投入企业以后，在生产经营过程中，随着供应、生产、销售过程的不断进行，其形态不断改变。同样，企业的货币资金要经过资金循环，即以货币资金为起点，依次经过供应过程、生产过程、销售过程，分别转化为储备资金、生产资金、产品资金以及结算资金等各种不同形态，最后又回到货币资金形态。从出纳角度来看，不管什么性质的单位，货币资金的收入主要包括财务收入与业务收入。财务收入包括资本投入、借入资金、发行股票收入和接受其他收入；业务收入包括销售产品、提供劳务收入、出售原材料收入和其他收入。货币资金的支出主要包括财务支出和业务支出。财务支出主要包括资本抽回、偿还借款、清偿债务和向其他单位投资；业务支出包括固定资产投资、原材料、燃料、工资、各种费用、税金、利息支出和其他支出。

2. 货币资金的存入和提取

为了加强货币资金的管理，保证货币资金的安全与完整，按照《现金管理暂行条例》的规定，企事业单位对各项收入（包括业务收入、其他收入等）的现金，超过库存限额部分或者超过坐支额度部分，必须于当日存入开户银行。现金存入银行，就表现为单位现金减少，银行存款增加。

各单位在发放工资、薪金、津贴、补贴，支付差旅费以及未达到银行结算起点的零星支出等，需要支付现金时，可以从本单位库存现金限额中支付或从银行提取，但不得从本单位的现金收入中直接支付（坐支额度以内的部分除外）；向银行提取现金，就表现为银行存款减少，单位现金增加。

二、出纳工作的内容

出纳的日常工作主要包括货币资金核算、工资核算等方面的内容。

1. 货币资金核算

货币资金核算的日常工作内容包括以下几个方面。

1) 做好现金的收付，保证审核审批有依据。出纳要严格按照公司有关现金管理制度的规定，对稽核人员审核签章的收付款凭证，进行认真复核，办理相关款项的收付。

对于金额重大的开支项目，必须经过会计主管人员、总会计师或单位领导的签章，并加盖"收讫"、"付讫"戳记。

2）做好银行存款的收付核算。出纳要严格按照银行《支付结算办法》的各项规定，对审核无误的收入与支出凭证进行复核，办理银行存款的收付。

3）认真登记日记账，做到日清月结。根据已经办理的收付款凭证，逐笔、顺序地登记现金、银行存款日记账，并结出余额。月末要编制银行存款余额调节表，使银行存款账面余额与对账单上余额相符。对于银行和企业之间的未达账项，要及时查询。

4）保管库存现金和有价证券。现金和各种有价证券，要确保其安全和完整无缺。库存现金不得超过银行核定的限额，超过部分要及时存入银行。不得以"白条"抵充现金，更不得任意挪用现金。如果发现库存现金有短缺或盈余，应及时查明原因，根据情况分别处理，不得私下取走或补足。如有短缺，要负赔偿责任。要保守保险柜密码的秘密，保管好钥匙，不得随意转交他人。

5）保管有关印章，登记注销支票。出纳人员所管的印章必须妥善保管，严格按照规定用途使用。签发支票的各种印章，不得全部由出纳一人保管。对于空白收据和空白支票必须严格管理，专设登记簿登记，认真办理领用注销手续。

6）复核收入凭证，办理销售结算。认真审核销售业务的有关凭证，严格按照销售合同和银行结算制度，及时办理销售款项的结算，催收销售货款。发生销售纠纷，货款被拒付时，要通知有关部门及时处理。

2. 工资核算

工资核算的日常工作内容包括以下几个方面。

1）按要求执行工资计划，监督工资使用。根据批准的工资计划，会同劳动人事部门，严格按照规定掌握工资和奖金的支付，分析工资计划的执行情况。对于违反工资政策、滥发津贴、奖金的，要予以制止或向领导和有关部门报告。

2）根据审核后的工资单，发放工资、奖金。根据单位实有职工人数、工资等级和工资标准，审核工资奖金计算表，办理代扣款项（包括计算个人所得税、社会保险金等），计算实发工资。发放完毕后，要及时将工资和奖金计算表附在记账凭证后或单独装订成册，并注明记账凭证编号，妥善保管。

3）通过核算工资，提供会计数据。按照工资总额的组成和支付工资的来源，进行明细核算。并根据管理部门的要求，编制有关工资总额报表。

第三节 出纳机构和出纳人员

一、出纳机构

出纳机构是指会计机构内部专门负责处理出纳业务的专职机构。出纳机构一般设置在会计机构内部，如各企事业单位财务科、财务处内部设置专门处理出纳业务的出纳组、出纳室。《会计法》第二十一条第一款规定："各单位根据会计业务的需要设置会计机构，或者在有关机构中设置会计人员并指定会计主管人员。不具备条件的，可以委托经批准设立的会计咨询、服务机构进行代理记账。"《会计法》对各单位会计、出纳机构与人员的设置没有做出硬性规定，只是要求各单位根据业务需要来设定。各单位可根据本单位规模大小和货币资金管理的要求，结合出纳工作的繁简程度来设置出纳机构。以工业企业为例，大型企业可在财务处下设出纳科；中型企业可在财务科下设出纳室，小型企业可在财务科下配备专职出纳员。有些企业，为了资金的有效管理和总体利用效益，把若干分公司的出纳业务（部分出纳业务）集中办理，成立专门的内部"结算中心"，这种"结算中心"，实际上也是出纳机构。

二、出纳人员

1. 出纳人员的配备

出纳人员的配备是以企业业务需要为原则，根据本单位出纳业务量的大小和繁简程度来决定的，可采用一人一岗、一人多岗、一岗多人等几种形式。

1）一人一岗适用于规模不大，且出纳工作量不大的单位，可设专职出纳员一名。

2）一人多岗适用于规模较小，且出纳工作量较小的单位，可设兼职出纳员一名。如无条件单独设置会计机构的单位，至少要在有关机构中（如单位的办公室、后勤部门等）配备兼职出纳员一名，但兼职出纳不得兼管收入、费用、债权、债务账目的登记工作、稽核工作和会计档案保管工作。

3）一岗多人适用于规模较大，且出纳工作量较大的单位，可设多名出纳员，如分设管理收付的出纳员和管账的出纳员，或分设现金出纳员和银行结算出纳员等。

2. 出纳人员的权限

根据《会计法》《会计基础工作规范》等法律法规的规定，出纳人员应具有以下权限。

1）维护财经法规，抵制不合法的收付和弄虚作假行为。《会计法》是我国会计工作的根本大法，是会计人员必须遵循的重要法律。《会计法》对会计人员如何维护财经纪律提出了具体规定，为出纳员实行会计监督、维护财经纪律提供了法律保障。出纳员应认真学习、贯彻这些规定，充分发挥出纳工作的作用，为维护财经纪律、抵制不正之风做出贡献。

2）管好、用好货币资金的权力。单位所有货币资金的往来都与出纳工作紧密相联，货币资金的来龙去脉，周转速度的快慢，出纳人员都应该清楚。因此，提出合理利用资金的意见和建议，及时提供货币资金使用与周转信息，也是出纳人员的责任。

3. 出纳人员的素质

随着经济的发展，出纳工作的地位和作用在不断提高，对出纳人员的素质也提出了更高要求。一名合格的出纳人员在职业道德、政策水平、业务技能、工作作风以及工作态度等方面都应具备良好素质。

（1）要具有良好的职业道德

一个人的政策水平和业务技能可以通过不断学习来增长，但道德修养是需要经过长期培养的。

1）廉洁自律和忠于职守。出纳人员掌管着一个单位的货币资金，面对金钱的诱惑和工作的便利，必须做到手脚干净，不贪不占。要廉洁自律，忠于职守，不辜负国家和集体对自己的信任。只有出纳人员保持自身一尘不染，不为利诱，才能不给外部的经济违法分子以可乘之机，防止违法犯罪现象的发生。

2）爱岗敬业和勇于奉献。出纳人员要热爱自己的岗位，对工作认真负责，在工作质量上精益求精，工作效率上不断提高；要不断丰富自身的知识和技能，有责任心和正义感。出纳人员保管着单位的货币资金、有价证券、票据和各种印鉴等重要财物，要有防范风险和安全意识。

3）坚持原则和客观公正。出纳人员在办理正常业务时，要坚持原则，实事求是，客观公正。在原则面前，出纳人员要做到不畏权势，不徇私情，一视同仁，在工作中摆正国家、集体与个人利益的位置，坚持依法办事，按原则办事；要不怕被误解和受委屈，自觉维护法律、法规和制度的尊严。

4）保守秘密。在当今企业竞争异常激烈的形势下，商业秘密对于每个单位都是极其重要的。出纳人员要保守本单位的商业秘密，除法律规定和单位领导批准外，不能私自向外界提供或泄露单位的会计信息，这是对集体负责，也是对自身负责。

（2）要有较高的政策水平

出纳人员要依法办事，首先要熟悉法规，不仅要熟悉《会计法》、《会计基础工作规范》和国家统一会计制度，以及本单位的财务管理制度，还要了解相关的税收制度。随着经济体制改革的深入，这些法规的内容也在不断变化和完善。这就要求出纳人员要加强学习，不断提高理论水平，才能履行好财经纪律监督者和执行者的职责。

（3）要具有熟练的业务技能

出纳人员首先要具备会计人员的业务技能。同时，作为会计工作的一个重要岗位，出纳有着专门的操作技术，如支票和现金收、付凭证的填写，出纳日记账的记录以及保险柜的操作等。此外，出纳人员还要掌握相关的银行业务知识，能鉴别人民币和审核支票、发票，避免假币、假支票、假发票等欺诈行为对本单位造成损害。

（4）要具有严谨细致的工作作风

出纳人员每天经手的现金和支票金额从几十元、几百元到成千上万元不等，具体支付金额更是精确到元、角、分。要想不受外界干扰，保证每一笔收支的准确及时，就要求其工作慎之又慎，对支票的填写、库存现金日清月结乃至"现金日记账"和"银行存款日记账"的登记与月末核对，都要严谨细致、一丝不苟。

（5）要具有积极的工作态度

出纳人员每天的工作内容单调，而且工作量很大。作为窗口岗位，面对单位内外各种性格的人，重复着相同程序的收付工作，有时也许会有不愉快的摩擦发生。出纳人员要始终保持热情开朗、乐观向上的工作态度和精神面貌，做好服务。这对树立单位的良好形象和提高自身修养都十分必要。

综上所述，出纳绝对不是简单的货币收付机器，而是一个单位资金管理的关卡和前哨，既是基础工作，又是对其他会计工作的检验和监督，扮演着重要的角色。因此，单位选配出纳人员时要严格执行相关规定的回避制度和内部会计控制中的岗位分工制度；此外还要适当安排出纳人员参加培训和学习，使其素质不断提高。而出纳人员自己也要自强不息，求知进取，以求更好地胜任工作。

第四节　出纳工作的职能及任务

一、出纳工作的职能

出纳工作是财会工作的一个重要组成部分，其职能可概括为收付、反映、监督、管理四个方面。

1. 收付

收付职能是出纳最基本的职能。企业经营活动少不了货物价款的收付、往来款项的收付，也少不了各种有价证券往来的办理。这些业务往来的现金、票据和有价证券的收付和办理，以及银行存款收付业务的办理，都必须经过出纳人员之手。

2. 反映

出纳要利用统一的货币计量单位，通过其特有的现金日记账与银行存款日记账、有价证券的各种明细分类账，对本单位的货币资金和有价证券进行详细的记录与核算，以便为经济管理和投资决策提供完整、系统的经济信息。因此，反映职能是出纳工作的主要职能之一。

3. 监督

出纳工作不是简单地进行收付业务，还要对每一笔收入或付出业务的真实、完整和合法性进行复核和监督。比如，一笔差旅费报销业务是否符合规定，审批手续是否齐全，相关原始凭证是否真实、合法、有效，都需要出纳人员进行审核。这就要求出纳人员熟悉相关的财经政策和法规，以及本单位的财务管理制度。

4. 管理

出纳还有一个重要的管理职能。对货币资金与有价证券进行保管，对银行存款和各种票据进行管理，对企业资金使用效益进行分析研究，为企业投资决策提供金融信息，甚至直接参与企业的方案评估、投资效益预测分析等都是出纳的职责所在。

二、出纳工作的任务

1）熟悉、掌握国家财经法规和企业规章制度，坚持原则，办事公正。
2）如实反映企业货币资金收入、支出与结存状况。

3）实行出纳监督，监督本单位与货币资金有关的经济业务。

4）正确处理各种财务关系。

5）保证企业货币资金使用合理、安全。

三、出纳工作的交接和资料管理

1．出纳工作的交接

出纳人员在调动工作或者离职时，要与接管人员办清交接手续，这是出纳人员应尽的职责，也是分清移交人员与接管人员责任的重大措施。办好交接工作，可以使出纳工作前后衔接，保证会计工作的顺利进行。

出纳工作交接要做到两点：一是移交人员与接管人员要办清手续；二是交接过程中要有专人负责监交。交接要求进行财产清查，做到账账核对、账款核对。交接结束后要填写移交表，将所有移交的票、款、物编制详细的移交清册，按册数向接交人点清，然后由交、接、监三方签字盖章。移交表应存入会计档案。出纳交接一般分三个阶段进行。

（1）交接准备阶段

交接准备阶段主要包括以下几个步骤。

1）将出纳日记账登记完毕，并在最后一笔余额后加盖交接人章。

2）出纳日记账与现金、银行存款总账核对相符，使得现金账面余额与实际库存现金核对一致，银行存款账面余额与银行对账单核对无误。

3）在出纳账簿启用表上填写移交日期，并加盖交接人章。

4）整理应该移交的各种资料，对未了事项要写出书面说明。

5）编制移交清册，填明移交的账簿、凭证、现金、有价证券、支票簿、文件资料、印鉴章和其他物品的具体名称和数量。

（2）交接阶段

出纳人员的离职交接，必须在规定的期限内向接交人员移交清楚。接交人员应认真按移交清册当面点收。具体要求包括以下几个方面。

1）现金、有价证券要根据出纳日记账和备查账簿余额进行点收。接交人发现不一致时，移交人要负责查清。

2）出纳日记账和其他会计资料必须完整无缺，不得遗漏。如有短缺，由移交人查明原因，在移交清册中注明，并负责处理。

3）接交人应核对出纳日记账与总账、出纳日记账与库存现金和银行对账单的余额是否相符，如有不符，应由移交人查明原因，在移交清册中注明，并负责处理。

4）接交人按移交清册点收公章（主要包括财务专用章、支票专用章和领导私章）和其他实物。

5）接交人办理接收后，应在出纳账簿启用表上填写接收时间，并签名盖章。

（3）交接结束

交接完毕后，交接双方和监交人要在移交清册上签名或盖章。移交清册必须具备单位名称、交接日期、交接双方和监交人的职务及姓名，以及移交清册页数、份数和其他需要说明的问题和意见。移交清册一般一式三份，接交双方各执一份，存档一份。

2. 出纳工作资料的管理

出纳工作资料是整个会计档案资料的一个重要组成部分，出纳人员一定要认真做好出纳工作资料的保管、立卷与归档工作。

（1）出纳资料的范围

出纳归档资料主要包括：出纳记账依据的各种原始凭证和记账凭证；现金日记账、银行存款日记账、有价证券等明细分类账账簿；经费开支计划与决算表；出纳报告；银行存款对账单；其他财务重要凭证如支票申请单与支票领用登记簿等。

（2）出纳资料的归档整理与保管

出纳人员要对以上各种归档资料进行科学管理，应做到妥善保管、存放有序、查找方便；应严格执行安全和保密制度，不能任意堆放，以免毁损、散失和泄密。

1）出纳凭证的整理和保管。出纳记账所使用的各种收、付款记账凭证及其所附原始凭证，一般在出纳过账以后，要交给记账会计，在年终归档前由记账会计进行整理和保存。出纳人员主要应做好原始凭证的整理及所有会计凭证在出纳业务处理阶段的保管工作。对于一些像"支票申请单"之类的原始凭证，为了保管与查对的便利，也可由出纳人员单独保管并整理成册，年末统一归档。

2）出纳账簿的整理和保管。出纳账簿在换成新的以后，必须将旧账归入会计档案。移交归档前必须对旧账进行整理，对编号、扉页内容、目录等项目填写不全的，应根据有关要求填写齐全；使用活页式或卡片式辅助账的单位，对于活页式或卡片式账，在归档时应加以装订，编上页码，并像装订账本一样加上扉页，注明单位名称、所属时期、共计页数和记账人员签章等，而且要加盖公章。

3）其他出纳归档资料的整理与保管。除出纳账证以外的其他出纳归档资料主要包括各种报表及文件，如各项经费开支计划表、决算表、出纳报告、银行对账单、作为收款依据的各种经济合同文件，其他财务方面的重要凭证，如支票申请单与支票领用登记簿等。这些资料应分类整理并妥善保管，年终集中归入会计档案。出纳部门形成的归档资料，是会计档案的组成部分，应由财务部门统一安排，根据归档的要求整理立卷或装订成册。档案资料的保管期限，从会计年度末后的第一天算起。出纳归档资料保管期满后需要销毁时，需经领导审查，报经上级主管部门批准。根据规定销毁归档资料时，应由档案部门和财务会计部门派人监销。监销人在销毁档案前，应认真进行清点核对；销毁后，应在销毁清册上签名盖章，并将监销情况呈报领导。

第五节　出纳工作的方法

出纳工作方法是用来反映和监督会计对象、完成出纳任务的手段，主要包括以下几个方面。

1. 设置账户

设置账户是指对出纳对象的具体内容进行分类反映和监督的一项专门方法。出纳对象的具体内容是复杂多样的，要对出纳对象所包含的经济内容进行系统的反映和监督，就要对它们进行科学的分类，以便取得各种不同性质的核算指标。因此，对各项货币资金和有价证券的增加和减少，都要按规定设置账户，进行分类记账，以便取得经营管理所需要的各种不同性质的核算指标。出纳常设的账户有"现金日记账"、"银行存款日记账"等。

2. 复式记账

复式记账是指对每一项经济业务都要以相等的金额，同时记入两个或两个以上有关的账户中。采用复式记账法既可以通过账户的对应关系了解有关经济业务的全貌，又可以通过账户的平衡关系检查有关经济业务的记录是否正确。复式记账法又可分为收、付记账法，增、减记账法和借、贷记账法。《企业会计准则》明确规定，我国所有企、事业单位在进行会计核算时，都必须采用借贷记账法。

3. 填制和审核各种凭证

填制和审核各种凭证是为了监督各项货币资金的收付是否真实、正确而采用的一种专门方法。出纳凭证是记录经济业务、明确经济责任的书面证明，也是登记账簿的依据。任何一项货币收支的发生或完成，都要填制凭证。凭证有可能是从外单位来的，也有可能是本单位非出纳人员填制的。对于这两种情况下产生的凭证，出纳人员要在办理货币业务时，进行严格的审核。只有审核无误的凭证，才可以作为出纳记账的依据。对于一些由出纳自己填写的凭证，出纳必须按要求认真、正确地填写，并据以进行货币资金的收付业务以及登记账簿。

4. 登记账簿

出纳掌管的账簿主要是现金日记账和银行存款日记账。出纳人员应根据审核无误的、与现金和银行存款有关的凭证为依据，按照先后顺序逐日逐笔进行登记。每日的现金余额都要与库存现金实存数进行核对，以检查每日现金收付是否有误、库存现金是否真实；银行存款余额要定期与开户银行核对账目，编制银行存款余额调节表。

5. 货币清查

货币清查是指通过实地盘点库存现金和核对银行存款账目，保证账款相符、账账相符的一种方法。

对现金的清查是定期或不定期采用实地盘点法进行的，主要清查有无挪用公款、有无用途造假、有无套取现金等现象。通过清查，发现问题、分析问题、追究责任，保证现金安全无损。

对银行存款的清查主要采用银行账（用银行对账单代替）和单位账（银行存款日记账）核对的方法，对银行存款的收支业务，逐日逐笔核对。如有未达账项，应及时编制银行存款余额调节表调节，保证账实相符。

6. 编制出纳收支报表

出纳收支报表是指根据现金日记账、银行存款日记账、有价证券明细账、银行对账单等核算资料，定期编制书面文件，报告本单位一定时期（月、年）现金、银行存款、有价证券的收、支、存情况，并与总分类账核对期末余额。出纳收支报告是各个单位经济管理和会计核算的重要手段。

上述各种出纳核算方法是相互联系、密切配合的，构成了一个完整的体系。

第六节　出纳工作的基本程序

出纳人员每天要处理大量的货币资金业务，要想提高工作效率，保证出纳工作质量，就必须要制定合理有效的工作流程，使出纳工作有条不紊地进行，确保单位货币资金的安全完整，满足单位会计管理的要求。

一、出纳业务的处理程序

出纳人员办理货币资金的收支业务必须有章可循，并按照既定的流程处理业务，才能保证单位货币资金的完好无损。

1. 货币资金收入的处理程序

货币资金收入的处理程序可分为三个阶段，即弄清收入来源及金额、清点收入、收入退回。

（1）弄清收入来源及金额

弄清收入来源及金额具体包括以下几个方面。

1）确定收入的金额。

2）明确付款人。出纳员应当明确付款人的全称和有关情况，对于收到的背书支票或其他代为付款的情况，应由经办人加以注明。

3）收到单位的各项收入款项时，出纳人员应当根据有关合同确定收款金额是否按协议执行，并对预收账款、当期实现的收入和收回以前欠款分别进行处理，保证账实一致。

4）收回代付、代垫及其他应付款时，出纳人员应当根据账务记录确定其收款金额是否符合，具体包括单位为职工代付的房租、保险金、个人所得税、差旅费借款、单位支付的各种押金等。

（2）清点收入

出纳人员在清楚收入金额和来源后，要进行清点核对。

1）现金清点。现金收入要与当事人当面清点，清点过程中出纳人员发现短缺、假钞等问题，应由经办人负责。

2）银行结算收入应由出纳人员与银行核对，通过电话询问或电话银行查询的，只能作为参考，在取得银行有关的收款凭证后，才能正式确定收入，进行账务处理。

3）清点核对无误后，按规定开具发票或使用内部的收据。如清点核对开出单据后，再发现现金短缺或假钞，应由出纳员负责。

（3）收入退回

因支票印章不清，收款单位账号有误等特殊原因需要退回收入的，出纳人员应及时联系有关经办人或对方单位重新办理收款。

2. 货币资金支出的处理

（1）确定支出的金额和用途

1）明确收款人。出纳人员必须按合同、发票或有关依据注明的收款人进行付款，对于代为收款的，应出具原收款人开具的证明材料并与原收款人核对后才可办理付款手续。

2）明确付款用途。对于不合法、不合理的付款应当拒绝，并向上级及时汇报，这是出纳人员的权力。

（2）付款审批

由经办人填制付款单据，注明付款金额和用途，并对付款事项的真实性和准确性负责。

1）要有证明人的签章，经办人的付款用途中，涉及实物的，应当有仓库保管员或实物负责人的签收；涉及差旅费、销售费用等的，应当有证明人加以证明。

2）收款人持有的付款单据，应该报有关领导审阅并签字。

3）到财务部门办理付款。收款人持有内容完备的付款单据，报会计审核后，由出纳办理付款。

（3）办理付款

1）现金付款时，双方应当面点清。在清点过程中如发现短缺、假钞等情况，由出纳人员负责。

2）银行付款，签发支票时，出纳人员应认真填写各项内容，保证项目完整、印章清晰、书写正确。如为现金支票，应附领票人的姓名、身份证号码及单位证明。办理转账或汇款时，出纳人员应当书写准确、清晰、完整的信息。

3）付款金额经双方确认后，由收款人签字，出纳人员在单据上加盖"付讫"章。如为转账或汇款，银行单据直接作为已付款证明；如确认签字后，再发现现金短缺或其他情况，应由收款经办人负责。

（4）付款退回

如有支票或汇款退回的，出纳人员应立即查明原因。如是我方的原因引起的，要重新签发支票或汇款，不得借故拖延；如因对方引起的，应由对方重新补办手续方可办理。

二、出纳账务处理的组织程序

会计核算形式又叫账务处理组织程序或记账程序，是指会计凭证组织、会计账簿组织、记账程序和记账方法相互结合的方式。

由于各个单位的经济业务性质和特点不尽相同，经济业务规模大小也不一样，因此设置的账簿，凭证的种类、格式和各种账簿之间的相互关系以及与之相适应的记账程序和方法也不一样。不同的账簿组织、记账程序和记账方法相互结合，就形成各种不同的会计核算形式。每个单位应结合自己的实际状况和具体条件，采用或设计适合自身经济业务性质和特点的会计核算形式。因此，尽管每一个会计单位的业务各有其特色，也都应该对会计核算形式做出明确的规定。

一项合理有效的会计核算形式，一般应该符合以下几方面的要求。

1）与本单位生产、经营管理的特点，规模的大小和业务的繁简程度相适应。

2）能正确、全面和及时地提供有关经济业务和财务收支情况，满足本单位经营管理和国家宏观管理工作的需要。

3）要在保证核算指标正确、真实和系统完整的前提下，尽可能地简化不必要的核算手续，提高会计工作的效率，节约核算工作的人力、物力和财力。

我国企业目前采用的会计核算形式主要包括以下几种：①记账凭证核算形式；②汇总记账凭证核算形式；③科目汇总表核算形式；④多栏式日记账核算形式；⑤日记总账核算形式。

会计核算的形式多种多样，目前还在不断地发展。以上只是介绍几种常见的核算形式。

各种会计账务处理程序的主要区别在于登记总分类账的依据和方法不同。但是，出纳业务处理的步骤基本上一致，其基本程序如下。

1）根据原始凭证或汇总原始凭证填制收款凭证、付款凭证；对于转账投资有价证券业务，还要根据原始凭证或汇总原始凭证直接登记有价证券明细分类账（债券投资明细分类账、股票投资明细分类账等）。

2）根据收款凭证、付款凭证逐笔登记现金日记账、银行存款日记账、有价证券明细分类账。

3）现金日记账的余额与库存现金每天进行核对，与现金总分类账定期进行核对；银行存款日记账与开户银行出具的银行对账单逐笔进行核对，至少每月一次，银行存款日记账的余额与银行存款总分类账定期进行核对；有价证券明细分类账与库存有价证券要定期进行核对。

4）根据现金日记账、银行存款日记账、有价证券明细分类账、开户银行出具的银行对账单等，定期或不定期编制出纳报告，提供出纳核算信息。

第七节 出纳与会计的关系

会计按照所分管的账簿，可分为总账会计、明细分类账会计和出纳。三者既相互区别又具有联系，是分工与协作的关系。

1）各有各的分工。总账会计负责企业经济业务的总括核算，为企业经济管理和经营决策提供总括的、全面的核算资料；明细分类账会计分管企业的明细账，为企业经济管理和经营决策提供明细分类核算资料；出纳则分管企业票据、货币资金，以及有价证券等的收付、保管、核算工作，为企业经济管理和经营决策提供各种资金信息。总体上讲，企业必须将钱账分管，出纳人员不得兼管稽核和会计档案保管，不得负责收入、费用、债权债务等账目的登记工作，总账会计和明细账会计则不得管钱管物。

2）既互相依赖又互相牵制。出纳与明细分类账会计、总账会计之间有着很强的依赖性。它们核算的依据是相同的，都是会计原始凭证和会计记账凭证。这些作为记账依据的会计凭证必须在出纳、明细账会计、总账会计之间按照一定的顺序传递；它们相互利用对方的核算资料，共同完成会计任务，缺一不可。同时，它们之间又互相牵制与控制。出纳的现金、银行存款日记账与总账会计的现金和银行存款总分类账，总分类账与其所属的明细分类账，明细账中的有价证券账簿与出纳账簿中相应的有价证券账，在金额上是相等的。这样，出纳、明细账会计、总账会计三者之间就构成了相互牵制与控制的关系，三者之间必须相互核对保持一致。

3）出纳与明细账会计的区别只是相对的。出纳核算要求分别按照现金和银行存款设置日记账，银行存款还要按照存入的不同户头分别设置明细日记账，逐笔序时地进行明细核算。"现金日记账"要每天结出余额，并与库存数进行核对；"银行存款日记账"也要在月底结出余额，与开户银行进行核对，并按规定进行结账。

4）出纳工作是一种账实兼管的工作，主要是对现金、银行存款和各种有价证券收支、结存的核算，以及现金、有价证券的保管和银行存款账户的管理。现金和有价证券放在出纳的保险柜中保管；银行存款由出纳办理收支结算手续。出纳工作既要进行出纳账务处理，又要进行现金、有价证券等实物的管理和银行存款的收支业务，这一点和其他财务工作有着显著的区别。除了出纳，其他财会人员是管账不管钱、管账不管物的。对出纳工作的这种分工，并不违背财务"钱账分管"的原则，这是由于出纳账是一种特殊的明细账，总账会计还要设置"现金"、"银行存款"等相应的总分类账对出纳保管和核算的现金、银行存款、有价证券等进行总金额的控制。

5）出纳工作直接参与经济活动过程。货物的购销必须经过两个过程，即货物的移交、货款的结算。其中，货款结算就必须通过出纳工作来完成。另外，往来款项的收付、各种有价证券的经营以及其他金融业务的办理，更是离不开出纳人员的参与。这也是出纳工作的一个显著特点，其他财务工作一般不直接参与经济活动过程，而只对其进行反映和监督。

练 习 题

一、单项选择题

1. 现金是由（   ）保管的。
   A. 出纳　　　　　B. 会计主管　　　C. 总会计师　　　D. 单位负责人

2. 每日应将现金日记账与（　　）核对，做到账款相符。

  A. 库存现金   B. 现金总分类账

  C. 收付款凭证   D. 银行存款日记账

3. 出纳人员负责办理（　　）。

  A. 现金收、付业务   B. 会计档案保管

  C. 收入账目登记   D. 稽核

4. 下列（　　）不属于出纳工作。

  A. 保管可存现金   B. 登记材料明细账

  C. 编制银行存款余额调节表   D. 保管空白支票

二、多项选择题

1. 出纳人员的配备一般可采用（　　）。

  A. 一人一岗   B. 一人多岗   C. 一岗多人   D. 多人多岗

2. 回避制度中的直系亲属是指（　　）。

  A. 夫妻关系   B. 直系亲属关系

  C. 三代以内旁系血亲关系   D. 近姻亲关系

3. 以下各项属于出纳人员业务范围的有（　　）。

  A. 保管库存现金和有价证券   B. 保管空白支票和空白收据

  C. 保管有关印章   D. 保管会计档案

4. 出纳人员不得兼任的工作有（　　）。

  A. 稽核   B. 会计档案保管

  C. 收入账目登记   D. 现金日记账登记

5. 会计人员的职业道德规范包括（　　）。

  A. 爱岗敬业、诚实守信   B. 廉洁自律、客观公正

  C. 坚持准则、提高技能   D. 参与管理、强化服务

三、判断题

1. 出纳人员临时有事，可以由会计代替出纳的工作。   （　　）

2. 出纳人员不得兼任稽核、会计档案保管和收入及费用、债权债务账目的登记工作。   （　　）

3. 国家机关、国有企业、事业单位的会计机构负责人、会计主管人员的直系亲属不得在本单位会计机构中担任出纳工作。   （　　）

4. 因出纳人员变更，为明确责任，新任出纳应更换新的现金日记账进行登记。

                      （　　）

5. 每日终了，银行存款日记账必须结出余额，并与银行对账单核对相符。（　　）

四、简答题

出纳工作岗位的具体设置应符合哪些要求？

出纳凭证和出纳账簿

2

第二章

会计凭证是记录经济业务、明确经济责任的书面证明，也是登记账簿的依据。会计账簿是由一定格式和互有联系的账页组成，以会计凭证为依据，用来序时、分类地记录全部经济业务的簿籍。《会计基础工作规范》对会计凭证的填制要求和审核内容、会计账簿登记、对账、结账及错账更正方法规定了一般要求。

知识目标

- 原始凭证的填制要求和审核内容。
- 出纳记账凭证的编制要求和审核内容。
- 出纳账簿登记的方法。
- 对账、结账的方法。
- 错账查找及更正的方法。

能力目标

- 了解会计凭证的内容和分类。
- 熟悉对账、结账及错账查找、更正的方法。
- 掌握出纳记账凭证填制及出纳账簿登记的方法。

第一节 出 纳 凭 证

一、出纳凭证的作用

单位在处理任何经济业务时，都必须有执行和完成该项经济业务的有关人员从单位外部取得或自行填制的有关凭证，以书面形式记录和证明所发生经济业务的性质、内容、数量、金额等，并在凭证上签名或盖章，以对经济业务的合法性和凭证的真实性、完整性负责。任何出纳凭证都必须经过有关人员的严格审核并确认无误后，才能作为记账的依据。合法地取得、正确地填制和审核出纳凭证，是会计核算的基本方法之一，也是出纳人员进行会计核算工作的基本方法。了解出纳凭证的作用，对搞好出纳工作有着重要的意义。

出纳凭证的作用主要包括以下三个方面。

1）记录经济业务的发生和完成情况，为登记账簿提供依据。出纳凭证是登记账簿的依据，出纳凭证所记录有关信息是否真实、可靠、及时，对于能否保证会计信息质量，具有至关重要的影响。

2）明确经济责任的重要手段。任何出纳凭证除记录有关经济业务的基本内容外，还必须由有关部门和人员签章，对出纳凭证所记录经济业务的真实性、完整性、合法性负责，这样就便于划清职责，加强责任感。

3）监督经济活动，控制经济运行。通过出纳凭证的审核，可以查明每一项经济业务是否符合国家有关法律、法规、制度规定，是否符合计划、预算进度，是否有违法乱纪、铺张浪费行为等。对于查出的问题，应积极采取措施予以纠正，实现对经济活动的事中控制，保证经济活动健康运行。

二、原始凭证

原始凭证又称原始单据，是在经济业务发生或完成时取得或填制的，用以记录、证明经济业务已经发生或完成的书面证明，是进行会计核算的原始资料。原始凭证记载着大量的经济信息，又是证明经济业务发生或完成的初始文件，与记账凭证相相比，具有较强的法律效力，所以是一种很重要的凭证。

对出纳人员来说，凡涉及现金收付、银行结算业务时，只有取得、填制原始凭证，才能进行会计核算。

1. 原始凭证的分类

（1）按来源划分

原始凭证按其来源不同分为外来原始凭证和自制原始凭证。

1）外来原始凭证是指同外单位发生经济往来关系时，从外单位取得的原始凭证。例如，购货时取得的发票、付款时取得的收据、出差人员取得的车票、住宿单等。所有取得的外来原始凭证必须盖有填制单位的公章及有关人员的签名或盖章。

2）自制原始凭证是指本单位内部经办业务的相关部门和人员在经济业务发生或完成时自行填制的原始凭证，如员工工资的结算单、材料验收入库时填制的入库单、发出材料时填制的出库单等。

（2）按填制的手续和方法划分

原始凭证按其填制的手续和方法不同可分为一次原始凭证、累计原始凭证和汇总原始凭证。

1）一次原始凭证是指凭证的填制手续是一次完成的，用以记录一项或若干项同类性质经济业务的原始凭证。外来原始凭证和大部分自制原始凭证都是一次凭证，如收货单、发货单、购货发票、付款收据、费用报销单等。

2）累计原始凭证是在一定时期内连续记录同类经济业务，期末按其累计数作为记账依据的自制原始凭证。它主要适用于重复发生的经济业务，如工业企业用的限额领料单等。

3）汇总原始凭证是指将一定时期内若干记录同类性质经济业务的原始凭证加以汇总编制成一张原始凭证。汇总原始凭证能够集中地反映某项经济业务，并简化了记账凭证的编制工作，如收货汇总表、商品销货汇总表、发出材料汇总表等。汇总原始凭证所汇总的内容，只能是同类经济业务。

2. 原始凭证的填制和审核

（1）原始凭证的基本内容

原始凭证是记录经济业务发生和完成情况，明确有关单位与人员经济责任的证明单据。因此，必须认真如实地填制好原始凭证。虽然不同的原始凭证包含的经济业务内容不同、格式也不同，但都会具备以下几个要素。

1）原始凭证的名称。

2）原始凭证的编号。

3）填制原始凭证的日期。

4）填制和接收原始凭证的单位名称。

5）相关的经济业务内容。

6）经济业务所涉及的数量、计量单位、单价和金额总量。

7）经办人员的签名或盖章。

（2）原始凭证填制的要求

原始凭证是用来记载经济业务，明确经济责任的原始证明，是进行会计核算的重要原始依据。因此原始凭证的填制必须符合以下几项基本要求。

1）记录真实。原始凭证必须真实、准确、完整地记录和反映每一项经济业务。原始凭证上填制的日期、业务内容、数量、金额等必须与经济业务的实际发生情况完全符合，确保凭证内容真实可靠。不得弄虚作假，改变事实的真相。

2）填制内容要完整，不可遗漏。原始凭证必须按规定的格式和内容逐项填写齐全，不能遗漏和简略。同时，原始凭证必须由经办业务的部门和人员在原始凭证上签字（盖章），对凭证的真实性和正确性负完全的责任。

3）填制及时。原始凭证应在经济业务发生或完成时及时填制，按照规定程序传递、审核，以便据以编制记账凭证。

4）书写清晰规范，字迹工整。原始凭证要用蓝黑墨水填写，其上面的文字和数字都要认真填好，且字迹清楚、易于辨认。凭证上的阿拉伯数字应一个一个地写，不能连笔；小写（阿拉伯数字）金额中间有零时，大写（汉字数字）金额也得写零；小写金额中连续有几个零时，大写金额只需要写一个零；金额中的分位为零时，应在"元"或"角"字后面加写"整"或"正"字，有分的，不需要再写"整"或"正"字；在小写金额前应写明币种符号，如人民币符号"￥"，货币符号与小写金额之间不得留有空白。原始凭证记载的内容不得任意涂改、刮擦或挖补。如果发现凭证记载内容有错误时，应当按规定方法更正。而有关现金、银行存款收支业务的凭证，如果填写错误，不能在凭证上更正，应加盖"作废"戳记，重新填写，以免错收错付。

（3）原始凭证的审核

对会计凭证的审核是会计监督的一个重要手段。原始凭证填制以后，为了保证其真实可靠，会计部门在据此填制记账凭证入账前，必须对其进行严格的审核。原始凭证审核的内容主要包括以下三个方面。

1）审核原始凭证的真实性。这里的真实性既包括原始凭证本身的真实性，也包括原始凭证所反映的经济业务的真实性。审查原始凭证是否虚假，是否存在涂改或伪造情况。

2）审核原始凭证的合法性。主要是审查记录的经济业务是否符合有关法律、法规、制度和政策的规定，是否符合单位的有关规章制度，是否符合经济核算的原则。若发现有违法违纪行为，要拒绝执行，并向有关部门与领导汇报。

3）审核原始凭证的准确性。主要是审核原始凭证的填制是否符合规定的要求，即凭证所载的内容是否与实际情况一致，该填的项目是否遗漏，数字是否清楚准确，书写是否规范，有关部门与人员是否都已签名或盖章。

三、记账凭证

记账凭证又称记账凭单，是会计人员根据审核无误的原始凭证或汇总原始凭证，按照经济业务的内容加以归类，并据以确定会计分录后所填制的会计凭证。它也是登记账簿的直接依据。

1. 记账凭证的种类

记账凭证按其用途不同，分为专用记账凭证和通用记账凭证两类。

（1）专用记账凭证

专用记账凭证是指用来专门记录某一类经济业务的记账凭证。专用凭证按其所记录的经济业务是否与现金和银行存款的收付有关，又分为收款记账凭证、付款记账凭证和转账记账凭证三种。

1）收款凭证，即用于记录库存现金、银行存款等货币资金收入业务的记账凭证。

它根据有关货币资金收入业务的原始凭证填制，是登记现金日记账、银行存款日记账，以及与现金、银行存款有关的明细账和总账等账簿的依据。收款凭证格式如图 2-1 所示。

收 款 凭 证

借方科目：		年　月　日		凭证编号_____		
对方单位（或缴款人）	摘　　　　要	贷　方　科　目		金　　额	记账签章	附件
		总账科目	明细科目	千百十万千百十元角分		
						张
	合　　计　金　　额					

会计主管　　　　稽核　　　　出纳　　　　制单

图 2-1　收款凭证

2）付款凭证，即用于记录库存现金和银行存款等货币资金支出业务的会计凭证。它根据有关货币资金支付业务的原始凭证填制，是登记现金日记账、银行存款日记账，以及与现金、银行存款有关的明细账和总账等账簿的依据。付款凭证格式如图 2-2 所示。

付 款 凭 证

贷方科目：		年　月　日		凭证编号_____		
对方单位（或领款人）	摘　　　　要	借　方　科　目		金　　额	记账签章	附件
		总账科目	明细科目	千百十万千百十元角分		
						张
	合　　计　金　　额					

会计主管　　　稽核　　　出纳　　　制单　　　领款人签章

图 2-2　付款凭证

3）转账凭证，即用于记录不涉及货币资金业务的记账凭证。它是根据有关转账业务的原始凭证填制的。其格式如图 2-3 所示。

转 账 凭 证

年　月　日　　　　　　　　　凭证编号＿＿＿＿＿

摘　　要	总账科目	明细科目	借　方 千 百 十 万 千 百 十 元 角 分	贷　方 千 百 十 万 千 百 十 元 角 分	记账签章	附件 张
合　计　金　额						

会计主管　　　　　　　　稽核　　　　　　　　　制单

图 2-3　转账凭证

（2）通用记账凭证

通用记账凭证是指用来记录各种经济业务的记账凭证。其格式与专用记账凭证中的转账凭证格式大体相同，如表 2-4 所示。

记 账 凭 证

年　月　日　　　　　　　　凭证编号＿＿＿＿＿

摘　　要	总账科目	明细科目	借方金额 千 百 十 万 千 百 十 元 角 分	贷方金额 千 百 十 万 千 百 十 元 角 分	记账签章	附件 张
合　计　金　额						

会计主管　　　稽核　　　　出纳　　　　制单　　　　领款人

图 2-4　记账凭证

记账凭证按其填列会计科目数目不同，分为复式记账凭证和单式记账凭证。

1）复式凭证，即将每一笔经济业务事项所涉及的全部会计科目及其发生额均在同一张记账凭证中反映的一种凭证。专用记账凭证和通用记账凭证均为复式凭证。

2）单式凭证，即每一张记账凭证只填列经济业务事项所涉及的一个会计科目及其金额的记账凭证。

2. 记账凭证的内容

记账凭证虽然种类较多，格式各不相同，但主要作用是根据原始凭证对经济业务进行分类、整理，按照复式记账原理编制会计分录，并以此进行款项收付和登记账簿。记账凭证必须具备以下基本内容。

1）记账凭证的名称（如收款凭证、付款凭证、转账凭证等）。

2）记账凭证的填制日期和编号。

3）经济业务的内容摘要，即对经济业务的简要说明。

4）会计分录，包括会计科目和明细科目的名称及金额。

5）所附原始凭证的张数（必须大写）。

6）已记账的标识。

7）制单、复核、记账和会计主管等有关人员的签章。

3. 记账凭证的填制要求

1）记账凭证的填制。必须以审核无误的原始凭证或汇总原始凭证为依据。

2）正确填写摘要。将所附原始凭证记录经济业务的内容用简明、概括的文字填入"摘要"栏内。

3）正确填制记账凭证的日期。与收付款业务有关的记账凭证日期应是货币资金收付的实际日期，转账凭证以收到原始凭证的日期为准。

4）核对记账凭证正确的编号。记账凭证在一个月内应当连续编号，不重号、不漏号。如果企业采用通用记账凭证，按月顺序编号就可以了；如果企业采用专用记账凭证，应把不同类型的记账凭证用字加以区别，如"收字第××号"、"付字第××号"、"转字第××号"。例如，企业收到一笔现金，是该月第10笔收款业务，记录该笔经济业务的记账凭证的编号为"收字第10号"。如果一笔经济业务需要填制两张及两张以上的记账凭证时，记账凭证的编号可采用分数编号法。

5）应注明所附的原始凭证张数（大写），如果原始凭证另行保管时，应在附件栏内注明。

6）会计科目应按照会计制度统一规定的名称填写，不得简化或用编号代替。

7）金额栏内的数字填写要规范、认真，并且与所附原始凭证中的金额相等。

8）记账凭证应按行依次登记，不得跳行。在最后一笔金额和合计金额之间有空行的，应在金额栏内画斜线注销。

9）记账凭证填写完毕，应进行复核与检查，相关的人员均要签名盖章。出纳人员根据收款凭证收款，或根据付款凭证付款时，均要在凭证上加盖"收讫"或"付讫"的戳记。

4. 记账凭证的审核

记账凭证是登记账簿的直接依据，需要严格审核，确保其正确无误。记账凭证的审核主要包括以下几项内容。

1）是否附有原始凭证，所附原始凭证是否经过审核；原始凭证所记录的经济业务内容和金额与记账凭证是否一致。

2）会计科目和核算内容是否与财务会计制度的规定相符，会计分录和账户对应关系是否正确，金额正确与否。

3）记账凭证需要填制的内容是否有遗漏，有关手续是否完备。

四、出纳凭证的装订与保管

1. 出纳凭证的装订

会计部门在记账后，应定期（每日、每旬或每月）对各种出纳凭证加以分类整理，将各种记账凭证按照编号顺序，连同所附的原始凭证折叠整齐，加具封面、封底，装订成册，并在装订线上加贴封签。在封面上，应写明单位名称、年度、月份、记账凭证的种类、起讫日期、起讫号码，以及记账凭证和原始凭证的张数，并在封签处加盖会计主管的图章。如果采用单式记账凭证，在整理装订凭证时，必须保持会计分录的完整。为此，应按凭证号码顺序还原装订成册，不得按科目归类装订，从而方便保管和利用。

凭证装订之前，要设计一下，看该期间的记账凭证究竟订成几册为好。每册的厚度应基本保持一致，不能把几张应属一份记账凭证附件的原始凭证拆开装订在两册之中，要做到既美观大方又便于翻阅。一本凭证，厚度一般以 1.5～2.0 厘米为宜。过薄，不利于竖立放置；过厚，不便于翻阅核查。凭证装订的各册，一般以月份为单位，每月订成一册或若干册。凭证少的单位，可以将若干个月份的凭证合并订成一册，在封皮注明本册所含的凭证月份。

装订凭证时，要以出纳凭证的左上侧为准，放齐，准备好铁锥、装订机或小手电钻，以及线绳、铁夹、胶水、凭证封皮、包角纸。具体的操作方法如下。

1）将凭证封面和封底裁开，分别附在凭证前面和后面，再拿一张质地相同的纸（可以再找一张凭证封面或封底，裁下一半用，另一半为订下一本凭证备用）放在封面上角，做护角纸。

2）在凭证的左上角画一个边长为 5cm 的等腰三角形，用夹子夹住，用装订机分别打三个孔眼。

3）用大针引线绳穿过三个眼儿，如果没有针，可以将回形别针顺直，然后两端折向同一个方向，折向时将线绳夹紧，即可把线穿引过来，因为一般装订机打出的眼儿是可以穿过的。

4）在凭证的背面打结。

5）将护角向左上侧面折，并将一侧剪开至凭证的左上角，然后抹上胶水。

6）向上折叠，将侧面和背面的线绳粘死。

7）待晾干后，在凭证本的封面填写"××年××月第××册共××册"及本凭证内所有内容。装订人在装订线封签处盖章。现金凭证、银行凭证和转账凭证最好依次顺序编号，一个月从头编一次序号；如果单位的凭证少，可以全年顺序编号。

对于数量过多的原始凭证，如领料单，也可以另行装订，单独保管，但应在封面注明所属记账凭证的日期、种类及编号，同时应在有关记账凭证上注明"附件另订"和原始凭证的名称及编号，以备查用。

2. 出纳凭证的保管

出纳凭证是重要的经济资料和会计档案。每个单位在完成经济业务手续和记账以后，须按规定装订成册，由会计部门指定专人保管，在年终会计决算后，由会计部门编造清册单移交档案部门保管。在保管期间，如有特殊原因需要外借的，要经过本单位负责人、会计主管人员的批准，可以复制，但不能抽出原始凭证。

根据规定，出纳凭证的保管期限通常为 15 年，但涉及外事和其他重要的出纳凭证要永久地保管。对于保管期满需要销毁的出纳凭证，必须编造清单，经过本单位领导审核，报上级主管部门批准后，由上级主管部门、档案部门、会计部门共同派人员监督销毁。

第二节　出　纳　账　簿

一、出纳账簿的作用

1. 账簿的概念

账簿是由一定格式和互有联系的账页组成的，以会计凭证为依据，用来序时、分类地记录全部经济业务的簿籍。一旦将会计科目或会计明细科目填入某个账页后，该账页就成为记录该会计科目或明细科目所规定的核算内容的账户。账户与账簿既有区别又有联系。账户是在账簿中按规定的会计科目开设的户头，用来记录某一个会计科目所核算的内容；而账簿的记录，是对经济活动的全面反映。

各个单位在经济业务发生时取得和填制原始凭证，经审核无误后编制记账凭证，将大量的经济信息转化为会计信息。由于记账凭证数量多，而且分散，每张记账凭证只能记录一项经济业务，反映个别的会计信息。因此，需要设置账簿将分散的、个别的会计信息加以归类整理后，登记到会计账簿中去，以全面、连续、系统地反映单位经济活动情况。

2. 出纳账簿的意义

设置和登记账簿是会计核算的专门方法之一，对保证会计报表的准确性和编制工作的及时性、加强经济核算、提高经济效益有着重要的意义。

1）通过账簿记录为经营者提供系统完整的会计信息。各单位通过设置和登记账簿，可以把出纳凭证上反映的零散会计核算资料加以分类汇总，形成全面、系统的会计核算资料；可以完整地反映一定期间内发生经济业务的全部情况，为企业经营者提供系统、完善的会计资料。

2）是编制财务报表的重要依据。财务报表是根据账簿上记录的信息，通过加工整理后编制的。因此，财务报表能否及时编制，以及所反映的数字是否真实、正确，都与账簿记录有着密切的关系。

3）保护单位财产物资的安全和完整。通过设置和登记账簿，可以了解单位各项财产物资的增减变动，有利于监督、合理使用和妥善保管各项财产物资，从而保护其安全和完整。

4）是单位进行会计分析、会计检查的依据。账簿记录了各种各样的会计核算资料，通过对这些资料的检查和分析，可以了解企业经营管理中的薄弱环节，总结经验，有针对性地提出改善意见，提高单位的经营管理水平。

3. 账簿的分类

会计账簿的种类繁多，不同的账簿其用途、内容、登记方法各不相同。

（1）按用途划分

账簿按照其用途不同，可以分为日记账簿、分类账簿和备查账簿三种。

1）日记账簿又叫序时账簿，也称日记账，是按照经济业务发生的时间顺序，逐日逐笔登记经济业务的会计账簿。日记账按其所记录的经济业务内容不同，分为普通日记账和特种日记账。特种日记账是专门登记某一类经济业务的日记账，如现金日记账、银行存款日记账，该日记账是由出纳人员登记。

2）分类账簿又叫分类账，是指对经济业务按照账户分类登记的账簿。分类账能够按需要分门别类地提供经济信息。按其提供信息内容的详细程度，又可以分为总分类账簿和明细分类账簿。总分类账簿简称总账，是根据一级会计科目设立的总分类账户，按照总括分类记录全部经济业务的账簿。明细分类账簿简称明细账，是按照二级或明细会计科目设立的分类账户。

3）备查账簿又称辅助账，是对某些在序时账簿和分类账簿中未能登记或者记载不全的经济业务进行补充登记的账簿，如租入、租出固定资产登记簿等。每个单位可以根据实际情况确定是否设立备查账。

（2）按形式划分

账簿按照其外表形式分为订本式账簿、活页式账簿、卡片式账簿三类。

1）订本式账簿是指启用之前就已将账页装订在一起，并对账页进行了连续编号的账簿。这种账簿可避免账页散失，防止账页丢失，易于归档保管，一般适用于总分类账、现金日记账等。

2）活页式账簿是指在账簿登记完毕之前并不固定装订在一起，而是装在活页账夹中。当账簿登记完毕之后（通常是一个会计年度结束之后），才将账页予以装订，加具封面，并给各账页连续编号。这种账簿便于记账工作的分工，但易于散失或被抽损，各种明细分类账一般采用活页账形式。

3）卡片式账簿是指将账户所需格式印刷在卡片上。严格地说，卡片账也是一种活页账，只不过它不是装在活页账夹中，而是装在卡片箱内。在我国，单位一般只对固定资产的核算采用卡片账形式。

二、出纳账簿的启用与登记

1. 出纳账簿的启用

账簿是记录会计信息的重要资料，为了确保账簿记录的完整性、合法性，明确责任，出纳人员在启用新账簿时，应当在账簿封面上写明单位名称和账簿名称，在账簿扉页上填写"账簿启用和交接记录"，其内容包括启用日期、账簿页数、记账人员和会计主管人员姓名（签章）、单位公章。记账人员或会计主管人员变动时，应办理交接手续，在交接记录栏内填明交接日期、接办人员和监交人员姓名，由交接双方人员签名（盖章）。账簿启用及交接记录如图 2-5 所示。

账 簿 启 用 及 交 接 记 录

使 用 单 位												单 位 盖 章	
账 簿 名 称													
账 簿 编 号	总		册	第			册						
启 用 日 期	年	月	日	至		年	月		日				
经 管 人 员	主 管				记 账								
	姓 名		盖 章		姓 名		盖 章						
交 接 记 录	日 期			监 交			移 交			接 管			
	年	月 日	职 务	姓 名	盖 章	职 务	姓 名	盖 章	职 务	姓 名	盖 章		
备 注													

图 2-5　账簿启用及交接记录

启用订本式账簿，应当从第一页到最后一页按顺序编定页码，不得跳页、缺号。使用活页账簿，应当按账户的顺序编码，并定期装订成册，装订后再按实际使用的账页顺序编定页码。

2. 出纳账簿登记的规则

1）账簿必须是根据审核无误的记账凭证及所附原始凭证来登记的。

2）登记账簿时，应将记账凭证的日期、凭证种类、编号、业务内容摘要、金额和其他有关资料逐项记入账内，做到数字准确、摘要清楚、登记及时、字迹工整。在已登记入账的记账凭证的"记账签章"栏内画上过账符号"√",以防漏记或重记。

3)登记账簿要使用蓝黑墨水或者碳素墨水书写,不准用圆珠笔(银行的复写账簿除外)或者铅笔书写。红墨水在会计工作可以使用的情况包括以下几种。①冲销错账记录;②进行划线结账;③在多栏式明细账中不设借(贷)方栏的情况下,登记减少发生额;④在没注明余额方向的三栏式明细账中,在余额栏内登记负数余额。

4)账簿中的文字和数字书写要符合规范,易于辨认。文字或数字的书写应紧贴底线,并在上面留有适当的空距,一般应为格子宽度的二分之一或三分之二,以便于日后发生错账时更正。

5)记账时,必须按账户页次顺序逐页、逐行连续登记,不得跳行、隔页。倘若发生跳行、隔页,应将空行、空页处用红色墨水画对角线注销,并有记账人员签章确认。

6)登记账簿必须按照记账凭证上的分录所指明的借、贷方向登记,不得记错方向。凡需要结出余额的账户,在结出余额后,应在"借或贷"栏内写明"借"或"贷"的字样。

7)每一张账页登记完毕需要结转到下一页继续登记时,要在该页最末一行的摘要栏内填写"过次页"字样,在借、贷方栏内登记本账页的发生额合计数,余额栏内结出余额;在下页第一行的摘要栏内填写"承前页"字样,在借、贷方栏和余额栏将上页的发生额合计数和余额过入,然后再登记新的经济业务。

8)在记账过程中,发生账簿记录错误,不得使用刮擦、挖补、涂改、药水消除字迹等手段更改错账,也不准更换账页重抄,而应根据错误的具体情况,采用规范的更正方法予以更正。

3. 出纳账簿的设置

现金日记账和银行存款日记账的登记,通常由出纳人员根据审核后的现金和银行存款的收、付款凭证,逐日逐笔登记。这两种日记账,一般采用订本式账簿,有三栏式和多栏式两种格式。

(1)现金日记账的设置与登记

现金日记账是由出纳人员根据现金收款凭证、现金付款凭证和银行存款付款凭证,按经济业务发生时间的先后顺序,逐日逐笔进行登记的账簿,如图2-6所示。

三栏式现金日记账的登记方法:

1)日期栏:指记账凭证的日期,应与现金实际收付日期一致。

2)凭证栏:指登记入账的收、付款凭证的种类和编号。

3)摘要栏:说明登记入账的经济业务的内容。

4)对方科目栏:指现金收入的来源科目或支出的用途科目。

5)收入、支出栏:指现金实际收付的金额。

在登记三栏式现金日记账过程中,登记现金收入(支出)时,不仅要把收入(支出)的金额记入收入(支出)栏内,还要写出其对应的会计科目。每天现金收、付款业务登记完毕后,应在结存栏内结出现金余额,做到日清月结。

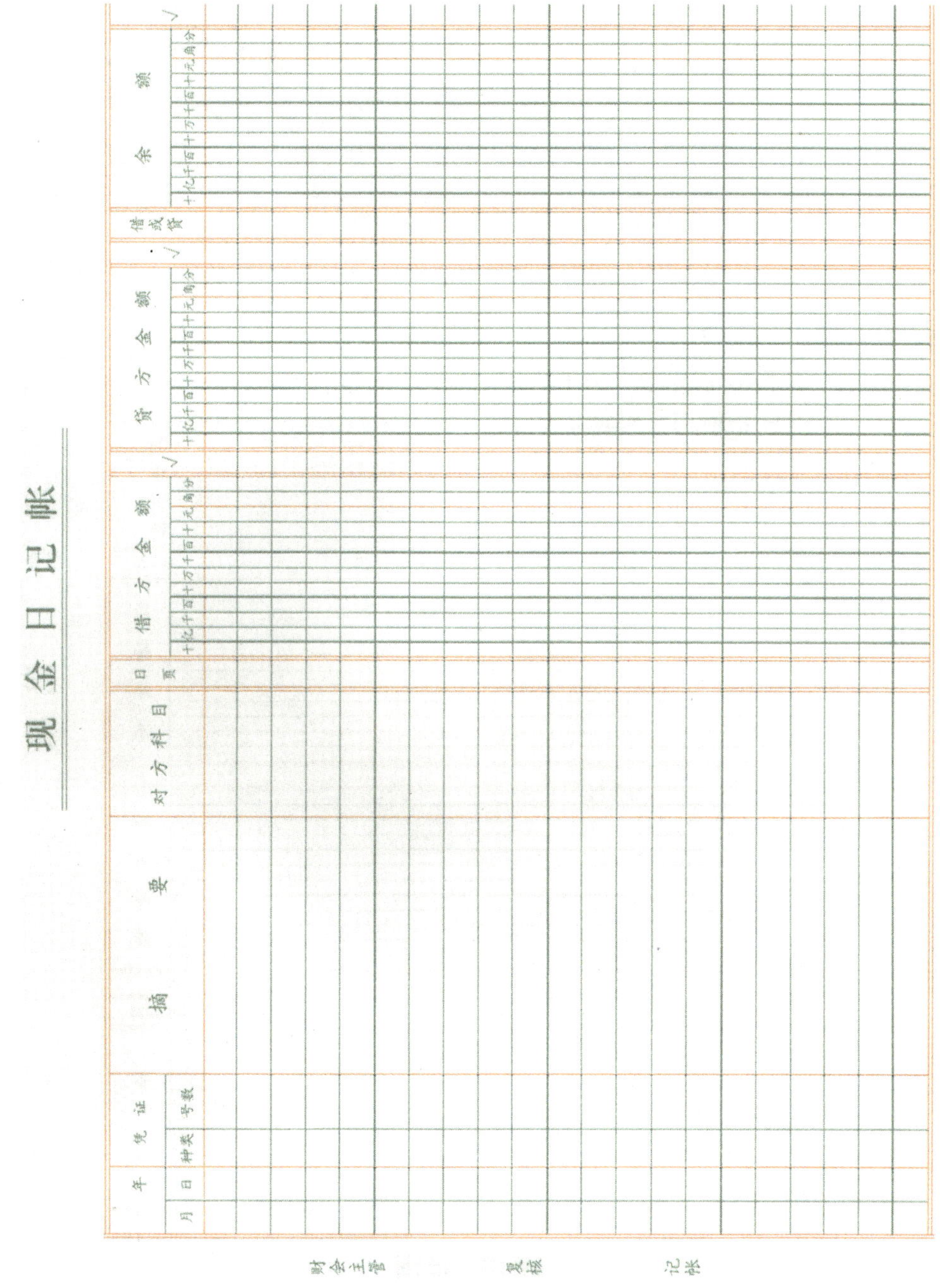

现金日记账

年		凭 证		摘 要	对 方 科 目	日 页	借 方 金 额 十亿千百十万千百十元角分	记 √	贷 方 金 额 十亿千百十万千百十元角分	借 或 贷	余 额 十亿千百十万千百十元角分	记 √
月	日	种类	号数									

现金主管　　　　复核　　　　记账

图 2-6　现金日记账

（2）银行存款日记账的设置与登记

银行存款日记账是由出纳人员根据银行存款收款凭证、银行存款付款凭证和现金付款凭证，按照经济业务发生的先后顺序，逐日逐笔进行登记的账簿。其登记方法和现金日记账大致相同，但是银行存款日记账除了要及时结出余额外，还要定期和银行开出的对账单核对，如果余额不一致时，要编制银行存款余额调节表。其格式如图 2-7 所示。

三栏式银行存款日记账的登记方法：

1）日期栏：指记账凭证的日期。

2）凭证栏：指登记入账的收、付款凭证的种类与编号。

3）摘要栏：说明登记入账的经济业务内容。

4）现金支票号数和转账支票号数：如果所记录的经济业务是以支票付款结算的，应在这两栏填写相应的支票号数，以便与开户银行对账。

5）对方科目栏：指银行存款收入的来源科目或支出的用途科目。

6）收入、支出栏：指银行存款实际收付的金额。

银行存款日记账

年		凭证		摘要	对方科目	日页	借方金额											贷方金额											借或贷	余额											√
月	日	种类	号数				亿	千	百	十	万	千	百	十	元	角	分	亿	千	百	十	万	千	百	十	元	角	分		亿	千	百	十	万	千	百	十	元	角	分	

图 2-7 银行存款日记账

（3）多栏式日记账的设置与登记

现金与银行存款日记账，一般采用三栏式登记。为了反映每一笔收支业务的来龙去脉，以便分析和汇总对应科目的发生额，也可采用多栏式日记账。以多栏式现金日记账为例，它由出纳人员按照与现金收入相对应的贷方账户与现金支出相对应的借方账户分别设置专栏，用以序时、分类地反映与现金收支有关的经济业务。其格式如图2-8所示。

单位：元

2011 年		凭　证		摘　　要	对应科目（贷方）		收入合计	对应科目（贷方）		支出合计	余额
月	日	种类	号数		银行存款	主营业务收入		其他应收款	应付职工薪酬		
4	1			期初余额							1800
	4	银付	001#	提取现金	1000		1000				2800
	5	现付	003#	预借旅费				2000		2000	800
				……							
	31			本月合计	1000		1000	2000		2000	800

图 2-8　现金日记账（多栏式）

多栏式日记账不仅具有三栏式日记账所具有的优缺点，而且在以特种日记账作为登记账簿依据时，可以利用专栏将重复发生的同类经济业务汇总以后依次登账，从而减少了登账工作。

三、错账及查找方法

1. 错账类型

由于各种原因，记账错误是难免的，如果账簿记录发生错误，应首先判断错账类型，即错误的具体情况。

错账的类型归纳起来有以下几种。

1）记账凭证正确，根据记账凭证登记账簿时发生错误。比如金额写错、方向写错、余额计算错误等。

2）记账凭证错误，且根据错误的记账凭证已登记入账。这种情况又可以分为以下几种情况。①记账凭证所用会计科目错误，或者记账方向错误。比如本应该借"银行存款"科目，而错为借"库存现金"科目；又如本应该借"银行存款"科目，而错为贷"银行存款"科目等。②记账凭证所用会计科目和记账方向没有错误，但金额错误。比如金额多记或者少记。

2. 错账的查找方法

错账往往是记账和结算账户时发生的错误，如漏记账、记重账、记反账、记账串户、记错金额等。为了迅速地更正错账，首先必须采用比较合理的方法和技巧查找错账。

（1）顺查法

顺查法就是沿着"制单→过账→结账→试算→编表"的账务处理程序，从头到尾进行的普通检查，其检查步骤如下。

1）将记账凭证与原始凭证核对，检查有无制单错误。

2）将记账凭证及所有原始凭证与账簿记录逐笔核对，检查有无记账错误。

3）结算各账户的发生额及期末余额，检查有无计算错误。

4）检查试算平衡表上有无抄写和计算错误。

5）检查会计报表有无差错。

（2）逆查法

逆查法是沿着"编表→试算→结账→过账→制单"的逆账务处理程序，从尾到头进行的普遍检查，其检查步骤如下。

1）检查会计报表有无差错。

2）检查试算平衡表内各栏金额合计数是否平衡；检查表内各账户的期初余额加减本期发生额是否等于期末余额；核对表内该账户的各栏是否抄错。

3）检查各账户的发生额及余额的计算是否正确。

4）将记账凭证、原始凭证与账簿记录逐笔核对，检查记账有无错误。

5）检查记账凭证的填制是否正确。

（3）重点抽查法

重点抽查法是在已初步掌握情况的基础上，有重点地抽取账簿记录中某些部分进行局部检查的方法。例如，两个数据核对时，只是元位不同，其余数位都相同，则只找元、角、分位数，其他数字则不必逐一检查。采用这种检查方法的目的是缩小查找范围，比较省力有效。

（4）偶合法

偶合法是根据账簿记录错误中最常见的规律，推测错账的类型和错账相关的记录进行查账的方法。常用的方法有以下几种。

1）差额法。差额法是直接从对账的差额数字来查找错误的方法。例如，库存现金日记账余额为2 400元，库存现金总账的余额为1 800元，相差600元。可直接根据账面记录数来查找。如果是一方漏登的话，则看有没有一笔或两笔业务的金额恰好是600元。如果是一方重登的话，则检查有没有两个数相同且合计起来与这个差数（600元）相等。

2）除2法。除2法是将对账的差额数字除以二，按商数来查找错误的方法。这种方法适用于查找一方记反方向的错误。所谓一方记反方向是指一笔业务借贷发生额记入同一方向，使得一方合计数增大，另一方合计数减小，其差额正好是正确数字的2倍。例如，库存商品期初为400元，验收入库100元，但由于记反方向，库存商品期末余额只有300元，与实际相差200元。用这个差额数字200除以2，商数为100，便在账簿里查找有无100元的业务记反方向的情况。

3）除9法。除9法适用于查找倒码、错位的错账，因数字的倒码、错位造成的正误差数正好是9的倍数。

倒码是指在记账时将金额中相邻的两位数或三位数的数字登记颠倒了，由此而产生的差额也能被 9 除尽。如将 52 错记为 25，346 错误记为 643，差额分别为 27 和 297，都可以被 9 整除。

错位是指在查找错误时，如果差错的数额较大，就应该检查一下是否在记账时发生了数字错位。在记账时，有时会把位数看错，把十位数看成百位数，百位数看成了千位数，把小数看大了；也可能把百位看成十位，千位看成百位数，把大数看小了；这种情况下，差错数额一般比较大，可以用除 9 法进行检查。如将 52 830 误记成 5 283，差数 47 547，除以 9 后，商为 5 283，你就可以在账簿上查找是否将 52 830 误记为 5 283；如将 420 误记成 4 200，差数为 3 780，除以 9 后，商为 420，将 420 乘 10 后得 4 200，也就是应记的金额。

四、错账的更正

发现错账时，不能采用刮擦、挖补和涂改等方法进行更正，而应根据错账的原因和具体情况按照规定的方法更正。错账的更正方法一般有划线更正法、红字更正法、补充登记法三种。

1. 划线更正法

划线更正法是指将错误的文字或数字划线注销再予以更正的方法。这种方法适用于记账凭证正确，只是在登账簿时发生文字或数字错误的情况。这种方法具体操作步骤如下。

1）先将错误的文字或数字用一条单红线划去，表示注销。需要注意的是，文字错误只注销错字，数字错误必须将整笔的数字全部划掉，不能只划掉个别写错的数字。并且应保证被划去的数字、文字清晰可辨，以备查考。

2）在红线的上方写上正确的文字或数字。

3）记账人员及相关人员要在更正处签名（盖章），以明确责任。

2. 红字更正法

红字更正法也称红字冲账法，是指通过编制红字记账凭证冲销或冲减错误的记账凭证，以更正或调整账簿记录的一种方法。这种方法可以分为全部冲销法和部分冲销法两种情况。

（1）全部冲销法

全部冲销法适用于记账凭证中的科目错误或记账方向错误，并已根据错误的记账凭证登记入账。具体操作方法如下。

1）先填写一张与原错误记账凭证内容相同的红字记账凭证，并在摘要栏注明"注销××年××月××日第××号凭证"，并据以登账，冲销错误记录。

2）再用蓝字填写一张正确的记账凭证，在摘要内注明"更正××年××月××日第××号凭证，并据以登账，更正错误记录。

【例 2-1】 甲公司计提本月生产车间固定资产折旧费 5 000 元。编制凭证时误编为如下会计分录并已登账。

借：管理费用　　　　　　　　　　　　　　　　　　　　　　　　　　　5 000

　　贷：累计折旧　　　　　　　　　　　　　　　　　　　　　　　　　5 000

当发现该错误时，先填制一张与错误凭证内容相同的红字凭证并据以登账，冲销错误记录。

借：管理费用　　　　　　　　　　　　　　　　　　　　　　　　　　5 000

　　贷：累计折旧　　　　　　　　　　　　　　　　　　　　　　　　5 000

然后再用蓝字编制一张正确的记账凭证并据以登账。

借：制造费用　　　　　　　　　　　　　　　　　　　　　　　　　　5 000

　　贷：累计折旧　　　　　　　　　　　　　　　　　　　　　　　　5 000

（2）部分冲销法

记账以后，发现记账凭证中的应借、贷的会计科目，记账方向都没有错误，只是所记金额大于应记金额。可将多记的金额用红字填写一张记账凭证，在摘要栏内注明"冲销××年××月××日第××号凭证多记金额"，并据以登账。

【例 2-2】 企业本月已销商品成本 50 000 元，编制凭证时误编为如下会计分录并已登账。

借：主营业务成本　　　　　　　　　　　　　　　　　　　　　　　500 000

　　贷：库存商品　　　　　　　　　　　　　　　　　　　　　　　500 000

当发现该错误时，应将多记的金额编制如下红字凭证并据以登账。

借：主营业务成本　　　　　　　　　　　　　　　　　　　　　　450 000

　　贷：库存商品　　　　　　　　　　　　　　　　　　　　　　450 000

3. 补充登记法

补充登记法是指编制蓝字记账凭证补记错误凭证中少记金额，以更正账簿记录的方法。这种方法适用于记账凭证中的会计科目、记账方向都没有错误，只是所记金额比应记的金额少，并已登账。

更正时，按少记金额用蓝字编制一张应借、贷科目与错误记账凭证相同的记账凭证，在摘要栏内注明"补记××年××月××日第××号凭证少记金额"，并据以登账，以补充少记的金额。

【例 2-3】 企业以银行存款 66 000 元购买一台不需要安装的机器设备。编制记账凭证时，误编为如下会计分录，并已经登账。

借：固定资产　　　　　　　　　　　　　　　　　　　　　　　　　60 000

　　贷：银行存款　　　　　　　　　　　　　　　　　　　　　　　60 000

当发现该错误时，应将少记的金额用蓝字编制如下记账凭证并据以登账。

借：固定资产　　　　　　　　　　　　　　　　　　　　　　　　　6 000

　　贷：银行存款　　　　　　　　　　　　　　　　　　　　　　　6 000

五、对账与结账

1. 对账

对账是指通过核对账簿记录及与有关凭证之间的记录，用以检查账簿登记是否正确的一种方法。为了保证账簿记录的真实性和准确性，在结账以前必须进行对账。就出纳工作而言，对账工作主要包括以下三个方面。

1）账证核对，是指核对出纳账簿记录与原始凭证、记账凭证的时间、凭证字号、内容、金额是否一致，记账方向是否相符。这种核对主要在日常的记账和编制凭证时进行。月终，如果发现账证不符，就需要对账簿记录与会计凭证进行核对，以保证账证相符。账证核对主要是检查登记账簿过程中的错误。

2）账账核对，是指在账证核对基础上，要将现金日记账、银行存款日记账的期末余额与现金和银行存款总账的期末余额相互核对，检查总账与日记账的记录是否相符。

3）账实核对，是指在账账核对的基础上，将现金日记账账面余额与实际库存现金相核对（每日进行），银行存款日记账账面余额与银行对账单余额核对（一般每月应与银行对账单核对一次），做到账实相符。

2. 结账

出纳将本期发生的所有货币资金的收支业务全部登记入账，并核对无误后，应通过结账的方式，计算出本期内现金和银行存款收入总额、付出总额和期末余额，以了解单位本期内货币资金的全部收付情况和期末结存情况，为编制会计报表提供依据。

结账的步骤如下。

1）结账前，出纳人员应逐笔、顺序地登记完成货币资金的收支业务。

2）月结时，在现金、银行存款日记账最后一笔业务下面划一条红线，在红线下结出本月发生额和期末余额。并在摘要栏内注明"本月合计"，并在其下面再划一条红线。季结、年结的方法同上，所不同的是，摘要栏内写"季结或年结"，在年结下面划出双红线（表示封账）。

3）年度终了，将"现金"和"银行存款"账户的余额结转到下一年度，在"摘要"栏内注明"结转下年"，在下一会计年度新账的摘要栏内填写"上年结转"，并将余额填入余额栏。

六、账簿的更换和保管

1. 账簿的更换

一般情况下，总账、日记账、大部分明细账在年度终了时应更换新的账簿，并将各账户的余额结转到新的账簿中，在新簿中的第一行余额栏内填上"上年结转"的余额，并注明方向，同时在摘要栏内注明"上年结转"字样。但对于部分变动较小的明细账，可以连续使用，不必每年更换，如固定资产明细账、备查账簿等可以连续使用。

2. 账簿的保管

在将所有的账簿对账完毕,并将所有的活页账装订完毕、加上封面,由主管人员签字盖章之后,要及时地将所有账簿交由档案人员造册归档。归档时,应编制"会计账簿归档登记表",以明确责任。会计账簿有一定的保管期限,根据其特点,分为永久和定期两类。就企业而言,会计账簿中,一般日记账 15 年,现金和银行存款日记账 25 年,明细账和总账 15 年,固定资本卡片在固定资产清理报废后保存 5 年,辅助账簿 15 年,涉外和重大事项会计账簿为永久保管。

练 习 题

一、单项选择题

1. 下列原始凭证中属于外来原始凭证的有 ( )。
   A. 提货单   B. 发出材料汇总单
   C. 购货发票   D. 领料单

2. 下列原始凭证中不属于自制原始凭证的是 ( )。
   A. 购货发票   B. 销货发票   C. 销售产品计算表   D. 缴款书

3. 会计凭证按 ( ) 分类,分为原始凭证和记账凭证。
   A. 用途和填制程序   B. 形式来源
   C. 用途   D. 填制方式

4. 记账凭证是根据 ( ) 填制的。
   A. 经济业务   B. 原始凭证
   C. 账簿记录   D. 审核后的原始凭证

5. 登记账簿的依据是 ( )。
   A. 经济业务   B. 原始凭证   C. 记账凭证   D. 会计报表

二、多项选择题

1. 明细分类账可以根据 ( ) 登记。
   A. 原始凭证   B. 汇总记账凭证
   C. 记账凭证   D. 经济合同

2. 现金、银行存款日记账的账页格式主要有 ( )。
   A. 三栏式   B. 多栏式   C. 卡片式   D. 数量金额式

3. 账簿按其用途分类,可以分为 ( )。
   A. 序时账簿   B. 订本式账簿   C. 分类账簿   D. 备查账簿

4. 记账凭证的基本要素包括 ( )。
   A. 会计科目   B. 所附原始凭证张数

C. 记账金额 　　　　　　　　　D. 凭证编号

5. 收款凭证可以作为出纳人员（　　）的依据。

A. 收入货币资金 　　　　　　　B. 付出货币资金

C. 登记现金日记账 　　　　　　D. 登记银行存款日记账

三、判断题

1. 所有会计凭证都是登记账簿的依据。　　　　　　　　　　　　（　　）

2. 自制原始凭证都是一次凭证。　　　　　　　　　　　　　　　（　　）

3. 记账凭证是根据账簿记录填制的。　　　　　　　　　　　　　（　　）

4. 现金日记账、银行存款日记账，必须采用订本式账簿。　　　　（　　）

5. 从银行提取现金时，可以编制现金收款凭证。　　　　　　　　（　　）

四、简答题

1. 原始凭证应包括哪些基本要素？

2. 简述记账凭证与原始凭证的联系。

3. 简述错账的更正方法及适用范围。

库存现金的管理与核算

3

第三章

　　狭义的现金，即库存现金，包括库存的人民币现金和外币现金。库存现金管理的内容包括国家规定的现金使用范围、库存现金的限额管理和库存现金收支的日常管理；库存现金的核算包括库存现金收入、支付和盘存的核算。

知识目标

- 库存现金的管理。
- 库存现金的核算。

能力目标

- 理解库存现金管理的意义。
- 熟悉库存现金管理的原则、内容。
- 熟悉票据、印鉴管理的要求。
- 掌握库存现金的核算。

第一节 库存现金的管理

一、库存现金管理的意义

（一）库存现金的概念

现金的概念有广义和狭义之分。狭义现金仅指企业库存的现金；广义的现金除了库存现金以外，还包括银行存款、其他货币资金及现金等价物。本章所说的现金是指狭义的现金，即库存现金。

（二）库存现金管理的意义

现金是变现能力最强的非盈利性资产。现金管理的过程就是在现金的流动性与收益性之间进行权衡选择的过程。通过现金管理，使现金收支不但在数量上，而且在时间上相互衔接，对于保证企业经营活动的现金需要，降低企业闲置的现金数量，提高资金收益率具有重要意义。

企业持有一定数量的现金主要是基于交易动机、预防动机和投机动机。

1）交易动机即企业在正常生产经营秩序下应当保持一定的现金支付能力。企业为了组织日常生产经营活动，必须保持一定数额的现金余额。一般说来，企业为满足交易动机所持有的现金余额主要取决于企业的销售水平。

2）预防动机即企业为应付紧急情况而需要保持的现金支付能力。由于市场行情的变化和其他各种不可预测因素的存在，企业通常难以对未来现金流入量和现金流出量做出准确的估计和预期。因此，在正常业务活动现金需要量的基础上，追加一定数量的现金余额以应付未来现金流入和流出的波动，是企业在确定必要现金持有量时应当考虑的因素。

3）投机动机即企业为了抓住各种转瞬即逝的市场机会，获取较大利益而准备的现金。其持有量大小往往与企业在金融市场的投资机会及企业对待风险的态度有关。

二、库存现金管理制度

（一）库存现金管理制度的概念

库存现金是指存放于企业财会部由出纳人员经管的货币，它是企业流动性最强的一项资产。

（二）库存现金管理的原则

1）开户单位库存现金一律实行限额管理。
2）不准擅自坐支现金。
3）企业收入的现金不准作为储蓄存款存储。

4）收入现金应及时送存银行，企业的现金收入应于当天送存开户银行，确有困难的，应由开户银行确定送存时间。

5）严格按照国家规定的开支范围使用现金，结算金额超过起点的，不得使用现金。

6）不准编造用途套取现金。企业在国家规定的现金使用范围和限额内需要现金，应从开户银行提取，提取时应写明用途，不得编造用途套取现金。

7）企业之间不得相互借用现金。

（三）库存现金管理的内容

1. 国家规定的现金使用范围

现金的使用范围是指按照国家规定可以使用库存现金进行结算的范围，根据《现金管理暂行规定》的规定，现金的使用范围主要包括以下几方面。

1）职工工资、各种工资性津贴。

2）个人的劳务报酬，如设计费、装潢费、制图费、稿费、化验费、测试费、法律服务费、技术服务费及其他劳务费用等。

3）根据国家规定颁发给个人的科学技术、文化艺术、体育等各种奖金。

4）各种劳保、福利费用以及国家规定的对个人的其他库存现金支出，如退休金、抚恤金、学生助学金、职工生活困难补助等。

5）收购单位向个人收购农副产品和其他物资，如农副产品、金银、工艺品、废旧物资等的价款。

6）出差人员必须随身携带的差旅费。

7）结算起点以下的零星支出，按规定结算起点为 1 000 元，超过结算起点的，应实行银行转账结算。

8）中国人民银行确定需要支付库存现金的其他支出。

凡不属于国家库存现金结算范围的支出，一律不准使用库存现金结算，而必须通过银行办理转账结算。

2. 库存现金的限额管理

库存现金限额是指为保证企业日常零星支付按规定允许留存的库存现金的最高数额。由银行核定，核定的依据一般是企业 3～5 天的正常开支需要量，离银行较远或交通不便的企业可以依据具体情况适当放宽，但最高不超过 15 天的开支需要量。企业每日结存的库存现金不能超过核定的库存限额，超过部分，应按规定期限及时送存银行。

3. 库存现金收支的管理

1）企业库存现金收入应于当日送存银行，当日送存确有困难的，由开户银行确定送存时间。

2）企业支付库存现金，可从企业库存现金限额中支付或从开户银行中提取，不得从本企业的库存现金收入中直接支付（即坐支库存现金）；因特殊情况需要坐支库存现金时，应事先提出限额和用途，报请开户银行核定，并在事后将坐支情况通知银行。

3）企业在规定范围内从银行提取库存现金，应当写明用途，由本企业财务部门开出现金支票，经银行审核后予以提取。

4）企业因采购地点不固定，交通不便以及其他特殊情况必须使用库存现金的，应向银行提出申请，经银行审核后，予以支付。

5）各单位购买国家规定的专控商品一律采用转账的方式支付，不得以库存现金的方式支付。

（四）库存现金管理的内部控制制度

加强库存现金的管理，必须建立健全严密的库存现金内部控制制度，其基本内容包括以下几个方面。

1．钱账分管制度

企业应配备专职的出纳员，办理库存现金收付和结算业务、登记库存现金和银行存款日记账、保管库存现金和各种有价证券、保管好有关印章、空白收据和空白支票；出纳员不得兼管稽核、会计档案保管和收入、费用、债权债务账目的登记工作。

2．库存现金开支审批制度

1）明确企业库存现金开支范围。

2）明确各种报销凭证，规定各种库存现金支付业务的报销手续和办法。

3）确定各种库存现金支出的审批权限。

3．库存现金日清月结制度

日清是指出纳员应对当日的库存现金收付业务全部登记库存现金日记账，结出账面余额，并与库存现金核对相符；月结是指出纳员必须对库存现金日记账按月结账；并定期或不定期进行库存现金清查。

4．库存现金保管制度

超过库存限额以外的库存现金应在下班前送存银行；除工作时间需要的小量备用金可存放在出纳员的抽屉内，其余则应放入保险柜内，不得随意存放；限额内的库存现金当日核对清楚后，一律放入保险柜内，不得放在办公桌内过夜；单位的库存现金不准以个人名义存入银行；库存的纸币和铸币，应实行分类保管。

（五）备用金的管理

备用金是企业财会部门为了便于日常零星开支（如差旅费、零星采购等）的需要，预付给企业内部各单位或职工个人备用的款项。

备用金的管理可采用定额管理和非定额管理（一次性）两种方式。

1．定额备用金

定额备用金管理是根据企业用款部门或个人实际需要，核定备用金定额，并按定额一次付给库存现金的管理办法。用款部门按规定的开支范围支用备用金后，持有关原始凭证报销，财会部门按核准的金额如数支付库存现金，不冲减备用金，使备用金仍与定额保持一致。

2. 非定额备用金

非定额备用金管理是财会部门根据企业内部某部门或个人的实际需要，一次付给库存现金，使用后持有关原始凭证报销；报销时财会部门根据其所预借的款项和应报销的金额进行清算，如有余款予以收回，若预借款不足，报销时则补足差额。

三、现金、票据及印鉴的保管

（一）现金的保管及相关业务操作

1. 现金的提取

单位要支付现金必须具有一定的库存现金才能开展业务。当各单位需要用现金支付且库存现金小于库存现金定额而需要现金补足时，按规定可以从银行提取现金，但不能直接坐支现金。

提取现金的操作程序如下。

（1）签发现金支票

现金支票是由存款人签发，委托开户银行向收款人支付一定数额现金的票据。现金支票是支票的一种，是专门用于支取现金的。签发现金支票时应认真填写支票的有关内容，如款项用途、取款日期、取款金额、签发单位账号、收款人名称（开户单位签发现金支票支取现金时，以本单位为收款人，但在实务操作中，开户银行要求验证取款人的身份证件，所以一般以出纳为收款人）、加盖印鉴章等。

签发现金支票时，应同时填写现金支票正本和副本，正本用于到银行提取现金，副本用于单位会计做账。

【例3-1】 昆明市大鹏有限责任公司于2011年2月1日，从银行提取库存现金12 000元，以备日常支出。该公司开具的支票如图3-1所示。

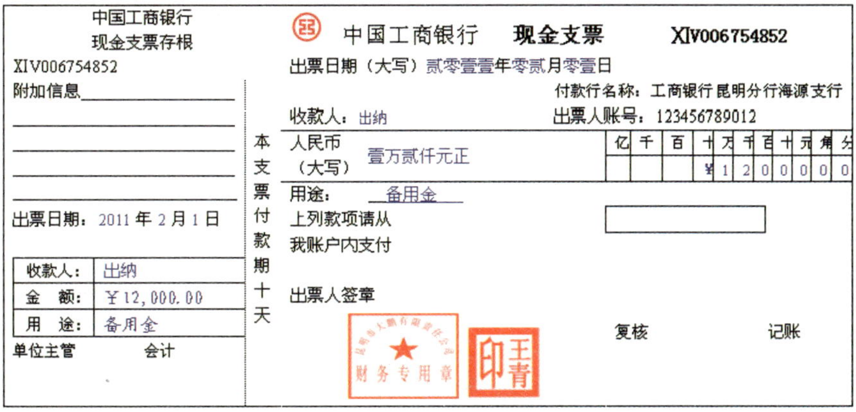

中国工商银行
现金支票存根
XIV006754852
附加信息
出票日期：2011 年 2 月 1 日
收款人：出纳
金　额：￥12,000.00
用　途：备用金
单位主管　会计

本支票付款期十天

中国工商银行 现金支票 XIV006754852
出票日期（大写）贰零壹壹年零贰月零壹日
付款行名称：工商银行昆明分行海源支行
收款人：出纳
出票人账号：123456789012
人民币（大写）壹万贰仟元正
亿 千 百 十 万 千 百 十 元 角 分
￥ 1 2 0 0 0 0 0
用途：备用金
上列款项请从
我账户内支付
出票人签章
复核　记账
昆明市大鹏有限责任公司 财务专用章
王青印

图 3-1　现金支票

（2）到开户银行提取现金

出纳员到银行提取现金时，应在现金支票背面（如图3-2所示）填写取款人姓名、身份证号码、身份证发证机关名称及取现日期，然后持现金支票正本到银行取款，先将现金支票交银行有关人员审核，审核无误后将支票交银行经办出纳人员，等待取款。银行经办人员对支票进行审核，核对密码、预留印件及取款人相关证件后，办理规定的付款手续，取款人应根据银行经办人员的要求回答应提取的数额，回答无误后银行经办人员即照支票付款。一般取款人收到银行出纳人员付给的现金时，应当面清点现金数量，清点无误后才能离开柜台。

现金支票背面：

附加信息：	收款人签章
出纳	2011 年 2 月 3 日
身份证件名称：身份证　　发证机关：昆明市公安局五华分局	
号码 1 2 3 4 5 6 7 8 9 9 8 7 6 5 4 3 2 1	

图 3-2　现金支票背面

2. 现金的日常保管

现金的保管主要是指对每日收取的现金和库存现金的保管。库存现金的保管主要应注意以下几个方面。

（1）要有专人保管库存现金

库存现金保管的责任人是出纳人员以及其他所属单位的兼职出纳人员。出纳人员应选择诚实可靠、工作责任心强、业务熟练、具有相关资格证的人员担任。

（2）将多余现金送存银行

企业应将收取的现金和超过管理限额的现金及时送存银行。送存时应按银行规定填写现金存款单，将现金存入基本存款账户。

【例 3-2】 昆明市大鹏有限责任公司于 2011 年 2 月 2 日将 2 月 1 日收取的销货款864.20 元送存银行。现金存款凭条如图3-3所示。

中国工商银行现金存款凭条

2011 年 2 月 2 日

存款人	全称	昆明市大鹏有限责任公司							
	账号	123456789012		款项来源	收到 2 月 1 日销售货款				
	开户行	工商银行昆明分行海源支行		交款人	出纳				

金额大写	(币种)人民币捌佰陆拾肆元贰角正	百 十 万 千 百 十 元 角 分
		¥ 8 6 4 2 0

票面	张数	金额	票面	张数	金额
100 元	8	800	5 角	0	0
50 元	1	50	2 角	0	0
20 元	0	0	1 角	2	0.2
10 元	1	10	5 分	0	0
5 元	0	0	2 分	0	0
2 元	0	0	1 分	0	0
1 元	4	4	复核: 经办:		

第一联 银行核对

图 3-3 现金存款凭条

（3）送取现金要有安全措施

向银行送存现金或提取现金时，一般应有两人以上共同前往；数额较大时，途中最好用专箱装放，专车运送，必要时进行武装押运。

（4）库存现金存放要有安全措施

出纳办公室选择坚固实用的房间，能防潮、防火、防盗，房顶要牢固，门、窗要有铁栏杆或金属板（网），根据需要可安装自动报警、监控等装置。出纳人员要配备专用保险柜，保险柜应靠出纳办公室的内墙存放，保险柜钥匙由出纳人员专人保管，不得交由其他人员代管；保险柜密码应由出纳人员开启，并做好开启记录，严格保密；出纳人员工作变动时，应及时更换密码。保险柜的钥匙丢失或密码发生故障，要立即报请领导处理，不得随意找人修理或配钥匙。必须更换保险柜时，要办理以旧换新的批准手续，注明更换情况备查。

（5）库存现金收付应办理相关手续

收到库存现金时，应向付款人开具相应的票据（开具收据或发票），并加盖印章，以证明款项确已收讫。支出库存现金时，应按管理规定办理相关手续，由授权人签字认可，并经领款人签字后予以支付。

（6）现金清查

为了确保账实相符，应对现金进行清查。现金清查包括两部分内容：第一，出纳人员每日营业终了进行账款核对；第二，清查小组进行定期或不定期的盘点和核对。现金清查的方法采用实地盘点法。

对现金实存额进行盘点，必须以现金管理的有关规定为依据。不得以"白条"抵库，不得超限额保管现金。对现金进行账实核对，如发现账实不符，应立即查明原因，及时更正，对发生的长款或短款，应查找原因，并按规定进行处理，不得以今日长款弥补他日短款。现金清查和核对后，应及时编制"现金盘点报告表"，列明现金账存额、现金实存额、差异额及其原因，对无法确定原因的差异，应及时报告有关负责人。

（二）票据的保管

1. 有价证券的保管

有价证券是一种具有储蓄性质的、可以最终兑换成人民币的票据，种类较多。目前我国发行的有价证券有国库券、国家重点建设债券、地方债券、金融债券、企业债券和股票等。有价证券是企业资产的一部分，具有与现金相同的性质和价值。有价证券的保管同现金的保管基本一样，同时要对各种有价证券的票面额和号码保守秘密。为掌握各种债券到期时间，应建立"认购有价证券登记簿"。

2. 空白支票及空白发票的保管

（1）空白支票的保管

在银行存款的额度内，开户单位均可向开户银行领购支票，企业一般都保留一定数量的空白支票以备使用。支票是一种支付凭证，一旦填写了有关内容，并加盖印鉴章后，即可成为直接从银行提取现金或与其他单位进行结算的凭据。所以，在空白支票使用上必须加强管理，同时要采取必要措施，妥善保管，以免发生非法使用和盗用、遗失等情况。

存有空白支票的企业，必须明确指定专人妥善保管。要贯彻票、印分管的原则，空白支票和印章不得由一人负责保管。这样可以明确责任，形成制约机制，防止舞弊行为。

（2）空白发票的保管

空白发票即未填制的发票。空白发票一经填制，并加盖有关印鉴，即可成为办理转账结算和现金支付的一种书面证明，直接关系到资金结算的准确、及时和安全，因此，必须按规定加以保管和使用。

空白发票一般应由主管会计人员或出纳保管。要建立"发票领用登记簿"，填写领用日期、单位、起始号码，并由领用人签字，发票用完后，要及时归还、核销。使用单位不得将发票带出工作单位使用，不得转借、赠送或买卖，不得弄虚作假、开具实物与票面不相符的发票，更不能开具存根联与其他联不符的发票，作废的发票要加盖"作废"章，各联要连同存根一起保管，不得缺页。

（三）印鉴的保管

财务印鉴是公司在银行开户时，所盖的备留印鉴，用于公司以后和银行进行业务活动时，给银行授权的证明，银行根据核对公司所留的财务印鉴后，给予办理相关银行业务。

财务印鉴只有一套，一般包括法人章、公司财务专用章。根据单位需要，也可增加财务主管章。同一公司的不同银行账户预留的印鉴可以相同，也可以不同，根据公司的需要进行设置。

1. 印鉴的保管

支票印鉴一般指定专人保管，印鉴应由不同人分别保管，严禁所有印鉴由一人保管。支票和印鉴必须由两人分别保管。负责保管的人员不得将印鉴随意存放或带出工作单位。各种印鉴应与现金的保管相同，不得随意放入抽屉内保管，否则极易给违法违纪人员以可乘之机，给国家和单位造成不必要的经济损失。

2. 印鉴的挂失和更换

各单位预留银行的印鉴遗失时，应当出具公函，填写"更换印鉴申请书"，由开户银行办理印鉴更换手续。经银行同意后按规定办法更换印鉴，并在新印鉴上注明情况。

各单位因印鉴磨损，单位负责人变更，单位名称变更等事项，需要更换印鉴章时，应填写"更换印鉴申请书"，由开户银行发给新印鉴卡，单位应将原印鉴盖在新印鉴卡的反面，将新印鉴盖在新印鉴卡的正面，并注明启用日期，交开户银行。在更换印鉴前签发的支票仍然有效。

第二节　库存现金的核算

在库存现金日常管理中，应随时计算库存现金的各项发生额及余额，其计算公式为

库存现金期末余额＝期初余额＋本期增加额－本期减少额

为了核算现金的收入、支出和结存情况，企业应设置"库存现金"账户，进行分类核算。"库存现金"账户属于资产类账户。企业收入现金时，应记入"库存现金"账户借方，支出现金时，应记入"库存现金"账户贷方。所以库存现金的计算公式也可表述为

库存现金期末余额＝期初余额＋本期借方发生额－本期贷方发生额

一、库存现金收入的核算

企业发生库存现金收入时，应在"库存现金"账户的借方登记相应的收入金额，贷方登记相关的其他账户。出纳员在库存现金日记账的收入栏（或借方）登记相应的金额。

【例 3-3】　2011 年 2 月 1 日，昆明市大鹏有限责任公司开出现金支票 5 000 元，提取现金以备零用。

开出现金支票从银行提取现金 5 000 元时，企业发生库存现金收入 5 000 元（或者说企业的库存现金增加 5 000 元），所以应在"库存现金"账户的借方记入 5 000 元。按会计制度相关规定进行下列账务处理：

借：库存现金　　　　　　　　　　　　　　　　　　　　　　　5 000

　　贷：银行存款　　　　　　　　　　　　　　　　　　　　　　　5 000

【例 3-4】　2011 年 2 月 10 日，昆明市大鹏有限责任公司出纳收到职工李某归还借款 150 元。

收到职工归还借款 150 元，那么企业发生库存现金收入 150 元（或者说企业的库存

现金增加 150 元），所以应在"库存现金"账户的借方记入 150 元。按会计制度相关规定进行下列账务处理：

借：库存现金 150
    贷：其他应收款——李某 150

二、库存现金支付的核算

企业发生库存现金支出时，应在"库存现金"账户的贷方登记相应的收入金额，借方登记相关的其他账户。出纳员在库存现金日记账的支出栏（或贷方）登记相应的金额。

【例 3-5】 2011 年 2 月 20 日，职员张某预借差旅费 1 000 元，以现金付讫。

本例所说事项为企业用库存现金支付张某借款 1 000 元，说明企业支出库存现金 1 000 元（或者说企业的库存现金减少 1 000 元），所以应在"库存现金"账户的贷方记入 1 000 元。按会计制度相关规定进行下列账务处理：

借：其他应收款——张某 1 000
    贷：库存现金 1 000

【例 3-6】 2011 年 2 月 28 日，财务部会计杨某购买办公用品 500 元，以库存现金支付。

本例中，企业用库存现金 500 元购买办公用品，说明企业支出库存现金 500 元（或者说企业的库存现金减少 500 元），所以应在"库存现金"账户的贷方记入 500 元。按会计制度相关规定进行下列账务处理：

借：管理费用——办公费 500
    贷：库存现金 500

三、库存现金的盘点

企业应定期或不定期组织库存现金的盘点，以保证账实相符，通常包括对已收到但未存入银行的现金、零用金等的盘点。盘点库存现金的步骤是：

1）在进行现金盘点前，应由出纳员将现金集中起来存入保险柜，必要时可以加封。然后由出纳员按已办妥现金收付手续的收付款凭证逐笔登账，如果企业现金存放部门有两处或两处以上者，应同时进行盘点。

2）由出纳员根据现金日记账结出现金余额。

3）由监盘人员进行库存现金日记账与库存现金总账进行核对，若有差异，应进行查找，进行相关的差异处理，直到账账相符。

4）盘点保险柜的现金实存数，同时编制"库存现金盘点报告表"，分币种分面值列示盘点金额。

5）盘点金额与现金日记账余额进行核对，如有差异，应查明原因，并作出记录或适当调整，若有冲抵库存现金的借条、未提现支票、未作报销的原始凭证，应在"库存现金盘点报告表"中注明或作出必要的调整，以确保账实相符。

库存现金盘点表上，应由二人及二人以上人员签字认可。对于差异金额，需做出说明，根据实际情况，由单位负责人审核批准，应进行相应账务调整，库存现金盘点表作为账务处理的原始凭证。

【例 3-7】 昆明市大鹏有限责任公司 2011 年 2 月 28 日库存现金日记账余额为 8 563.40 元，库存现金总账余额为 8 563.40 元，现由公司会计和出纳进行 2 月 28 日的库存现金盘点。盘点情况为：面值为 100 元的有 60 张，50 元 30 张，20 元 45 张，10 元 13 张，5 元 6 张，1 元 2 张，0.5 元 2 张，0.1 元 4 张。根据以上盘点情况编制库存现金盘点表，如表 3-1 所示。

表 3-1 库存现金盘点表

填报单位：昆明市大鹏有限责任公司　　　　　　　　　　　　　　2011 年 2 月 28 日

货币面额	张数	金额/元
100	60	6 000
50	30	1 500
20	45	900
10	13	130
5	6	30
2	0	0
1	2	2
0.5	2	1
0.2	0	0
0.1	4	0.4
盘点金额合计	￥8 563.40（捌仟伍佰陆拾叁元肆角正）	
账面余额	￥8 563.40（捌仟伍佰陆拾叁元肆角正）	
差异金额	0	
差异原因分析	无差异	

盘点人（签章）：出纳　　　　　　　　　　监盘人（签章）：会计

练 习 题

一、单项选择题

1. 特殊情况下，单位库存现金限额最多不得超过（　　）天日常零星开支所需的现金。

　　A. 30　　　　　B. 20　　　　　C. 15　　　　　D. 10

2. 现金结算起点为（　　）元。

　　A. 800　　　　B. 1 000　　　C. 1 200　　　D. 1 500

3. 某公司上月月末库存现金结存 5 000 元，本月借方发生额 12 500 元，贷方发生额 10 200.40 元，则该公司本月月末库存现金余额为（　　）元。

　　A. 2 299.6　　B. 7 299.6　　C. 2 700.4　　D. 1 500.4

4. 某公司现金日记账上有库存现金 4 800 元，现又收到销货款 2 300 元，职工张某借支了差旅费 900 元，这两笔款均未入账，那么该公司现在可供使用的库存现金为（　　）

元。

    A. 6 200   B. 7 100   C. 3 900   D. 8 000

5. 某公司现金日记账上有库存现金 4 800 元，现又收到销货款 2 300 元，职工张某借支了差旅费 900 元，这二笔款项均未入账，那么该公司现在的库存现金日记账余额为（   ）元。

    A. 6 200   B. 7 100   C. 3 900   D. 4 800

6. 某公司实行定额备用金管理制度，经公司研究决定给予市场部员工王某 5 000 元的定额备用金，王某已借支了备用金，现王某出差归来，到财务部报销相关差旅费用 4 300 元，那么出纳应支付王某库存现金（   ）元。

    A. 700   B. −700   C. 5 000   D. 4 300

二、多项选择题

1. 下列经济业务，企业可用现金支付结算的有（   ）。

    A. 职工报销医药费 1 200 元

    B. 向另一企业购料支付价款 2 000 元及增值税 340 元

    C. 向农民个人收购农副产品支付价款 56 000 元

    D. 发放职工工资 64 960 元

    E. 从文化用品商店购入 845 元办公用品

2. 若企业现金实有数小于账面数 200 元，则导致该差错的原因可能有（   ）。

    A. 现金出纳员多付现金   B. 现金出纳员少收现金

    C. 现金出纳员贪污   D. 误将 200 元支出作为收入入账

    E. 误将 100 元支出作为收入入账

3. 下列说法不正确的有（   ）。

    A. 出纳员收到的员工借款单，可以不入账，待员工报销时直接将借款单还给员工

    B. 如果单位的库存现金不足支付，出纳员可自己先垫钱支付

    C. 企业之间不得相互借用现金

    D. 在填制发票时，如果填制错误，可将错误发票撕毁，以免被领导发现

    E. 库存现金收付时不需办理相关手续

4. 对库存现金盘点时，应该做到（   ）。

    A. 所有与库存现金收付相关的凭证均已入账，并结出余额

    B. 如果企业现金存放部门有两处或两处以上者，应同时进行盘点

    C. 可由出纳员自己进行库存现金的盘点

    D. 现金盘点表只需记载人民币现金，不需要记载外币现金

    E. 库存现金盘点出现差异，可不进行相关账务处理

三、判断题

1. 现金出纳应在每日或每月终了，将现金日记账账面余额与库存现金数核对。
（　　）

2. 进行现金实地盘点时，会计主管必须在场进行监督。（　　）

3. 现金的使用范围没有限制。（　　）

4. 用现金支票到银行提取现金时，可以到任意一家银行提取。（　　）

5. 为使用方便，出纳员可将现金放置于办公桌抽屉内，无须上锁。（　　）

6. 单位的支票、发票和印章可由出纳一人负责保管。（　　）

四、简答题

1. 简述库存现金的支付范围。

2. 什么是非定额备用金？

五、业务题

1. 2011 年 3 月 10 日，某公司从银行提取现金 6 500 元，以备发工资。请进行提取现金的相关业务操作，并登记现金日记账及银行存款日记账。

相关资料：

出纳员姓名：王出纳；

身份证号：123456789123456789；

发证机关：昆明市公安局××区分局。

2. 某公司 2011 年 10 月 31 日库存现金日记账余额为 9 700 元，库存现金总账余额为 9 700 元，现由公司会计和出纳进行库存现金盘点，盘点情况为：面值为 100 元的有 88 张，50 元 13 张，20 元 2 张，10 元 11 张，5 元 12 张，1 元 20 张。根据以上盘点情况编制库存现金盘点表。

银行存款的管理与核算

4

第四章

银行存款是指单位存放在银行或其他金融机构的资金，是单位货币资金的主要内容。银行存款账户的管理包括银行存款账户的种类及用途，银行存款账户的变更、撤销与迁移；银行存款的核算包括银行存款收入，银行存款支付，银行存、贷款利息及贴息的计算，以及银行的对账及未达账项的调节。

知识目标

- 银行存款的管理。
- 银行存款的核算。

能力目标

- 理解银行存款账户管理的原则，银行存款账户的类型及用途。
- 熟悉银行存款账户开立、变更、撤销与迁移的办理。
- 掌握银行存款账户收入、支付及结息的核算。
- 掌握银行存款日记账与银行对账单的核对及银行存款余额调节表的编制。

第一节　银行存款的管理

一、银行存款的管理办法

1）企业发生的一切收付款项，除按规定可用现金支付以外，都必须通过银行办理转账结算，严格执行中国人民银行发布的《银行结算办法》各项规定，遵守银行结算纪律，保证结算业务的正常进行。

2）加强银行存款的管理。根据资金的不同性质、用途，分别在银行开设账户，严格遵守国家银行的各项结算制度和现金管理暂行条例，接受银行监督。

3）企业在银行或其他金融机构开立结算账户后，应加强管理，不得将所开立的账户出租、出借转让给别的单位或个人使用，也不得利用结算账户套取现金。

4）根据业务的需要，企业可以选用银行汇票、本票、支票、委托收款或托收承付等结算方式进行银行结算。

5）应设置"银行存款日记账"，按各银行的营业场所和其他金融机构以及存款种类分别以一个银行账号设置一个银行账户。银行日记账必须逐笔登记，反映每一个存款账户的收入、支出和存款余额。定期与银行对账，对发生的"未达账款"逐笔核实，查清原因，并及时编制"银行存款调节表"进行调节，对未达款项如超过三个月仍未到账清理者，报经企业领导追查经办人的责任。

6）严格支票管理，不得签发空头支票。银行支票（包括现金支票和转账支票）由公司出纳或会计负责保管和签发，对符合审批程序、手续完备、核实无误的付款业务签发支票。公司支票如有遗失或盗窃等意外发生，保管人员必须及时向相关管理人员报告，同时向开户银行挂失，登报声明作废。撤销账户时，应将剩余空白支票全部交回原开户银行注销。

7）必须按银行结算办法规定进行银行结算。

8）财务部应注意不相融岗位相分离的原则。出纳员不兼管银行支票及所有印鉴，也不进行相关会计工作，以保证银行存款的完整无缺。出纳应定期如实向相关领导上报银行存款收支情况。

二、银行账户的管理

1. 银行存款账户管理的原则

1）一个基本账户原则。指单位银行结算账户的存款人只能在银行开立一个基本存款账户，不能多头开立基本银行账户。

2）自主选择银行开立银行结算账户原则。除国家法律、行政法规和国务院规定外，任何单位和个人不得强令存款人到指定银行开立银行结算账户。

3）银行结算账户信息保密原则。对单位银行结算账户的存款和有关资料，除国家法律、行政法规另有规定外，银行有权拒绝任何单位和个人查询。

4）守法原则。银行结算账户的开立和使用应当遵守法律、法规，不得利用银行结算账户进行偷逃税款、套取现金及其他违法犯罪活动。

2. 银行存款账户的种类及用途

1）基本存款账户，是指存款人因办理日常转账结算和现金收付需要开立的银行结算账户。企业的工资、奖金等现金的支取，只能通过基本存款账户办理。

2）一般存款账户，是指企业因借款或其他结算需要，在基本存款账户以外的银行营业机构开立的账户，企业可以通过本账户办理转账结算和现金缴存，但不能办理现金支取。

3）临时存款账户，是指存款人因临时经营活动需要并在规定期限内使用开立的账户，企业可以通过本账户办理转账结算和根据国家现金管理的规定办理现金收付。

4）专用存款账户，是指存款人按照法律、行政法规和规章，对有特定用途资金进行专项管理和使用而开立的银行结算账户，如基本建设资金，更新改造资金，财政预算外资金，粮、棉、油收购资金，社会保障基金，住房基金，党、团、工会设在单位的组织机构经费等。部分专用存款账户可用于支取现金。

企业在银行开立账户后，可到开户银行购买各种银行往来使用的凭证（如进账单、现金支票、转账支票、电汇凭证等），用以办理银行存款的收付款项。

企业除了按规定留存的库存现金以外，所有货币资金都必须存入银行，企业与其他单位之间的一切收付款项，除制度规定可用现金支付的部分以外，都必须通过银行办理转账结算，也就是由银行按照事先规定的结算方式，将款项从付款单位的账户划出，转入收款单位的账户。因此，企业不仅要在银行开立账户，而且账户内必须要有可供支付的存款。

3. 账户的变更、撤销与迁移

（1）账户变更

开户单位由于人事变动或其他原因需要变更单位财务专用章、财务主管印鉴或出纳员印鉴的，应填写"更换印鉴申请书"，并出具有关证明，经银行审查同意后，重新填写印鉴卡片，并注销原预留的印鉴卡片。

单位因某些原因需要变更账户名称，应向银行交验上级主管部门批准的正式函件，企业单位和个体工商户需交验工商行政管理部门登记注册的新执照，经银行审查核实后，变更账户名称，或者撤销原账户，重立新账户。

（2）撤销、合并账户

各单位因机构调整、合并、撤销、停业等原因，需要撤销、合并账户的，应向银行提出申请，经银行同意后，首先要同开户银行核对存贷款账户的余额并结算全部利息，全部核对无误后开出支取凭证结清余额，同时将未用完的各种重要空白凭证交给银行注销，然后才可办理撤销、合并手续。由于撤销账户单位未交回空白凭证而产生的一切问题应由撤销单位自己承担责任。

（3）迁移账户

单位发生办公或经营地点搬迁时应到银行办理迁移账户手续。如果迁入迁出在同一城市，可以凭迁出行出具凭证到迁入行开立新户，搬迁异地应按规定向迁入银行重新办理开户手续。在搬迁过程中，如需要可要求原开户银行暂时保留原账户，但在搬迁结束已在当地恢复经营活动时，则应在一个月内到原开户银行结清原账户。

另外，按照规定，连续在一年以上没有发生收付活动的账户，开户银行经过调查认为该账户无须继续保留即可通知开户单位来银行办理销户手续，开户单位接通知后一个月内必须办理，逾期不办理可视为自动销户，存款有余额的将作为银行收益。

第二节　银行存款的核算

在银行存款日常管理中，应随时计算银行存款的各项发生额及余额，其计算公式为

银行存款期末余额＝期初余额＋本期增加额－本期减少额

为了核算银行存款的收入、支出和结存情况，企业应设置"银行存款"账户核算，本账户核算企业存入或支出银行的各种款项，借方表示存入（或增加）的金额，贷方表示支出（或减少）的金额，所以银行存款的计算公式也可表述为

银行存款期末余额＝期初余额＋本期借方发生额－本期贷方发生额

一、银行存款收入的核算

1）银行存款是指企业存放在开户银行的可随时支用的货币资金。企业的银行存款设置"银行存款"账户核算，借方表示存入（或增加）的金额。企业如有存入其他金融机构的存款也可以在本科目核算。

2）有多币种存款的企业，应当按照币种分别设置"银行存款日记账"进行明细核算。

3）企业应当按照开户银行和其他金融机构、存款种类、币种等，分别设置"银行存款日记账"，由出纳人员根据收付款凭证，按照业务的发生顺序逐笔登记。每日终了，应结出余额。"银行存款日记账"应定期与"银行对账单"核对，至少每月核对一次。月末，企业银行存款账面余额与银行对账单余额之间如有差额，应按月编制"银行存款余额调节表"调节相符。

企业将款项存入银行或其他金融机构，发生银行存款收入（或银行存款增加）时记入"银行存款"账户借方，出纳员应在相应的银行存款日记账的收入栏（或借方）登记相应的金额。

【例4-1】企业销售产品收到销货款11 700元，存入银行，编制会计分录如下：

借：银行存款　　　　　　　　　　　　　　　　　　　　　　　11 700
　　贷：主营业务收入　　　　　　　　　　　　　　　　　　　　　10 000
　　　　应交税费——应交增值税（销项税额）　　　　　　　　　　1 700

【例4-2】企业收回应收账款30 000元，银行已入账，编制会计分录如下：

借：银行存款　　　　　　　　　　　　　　　　　　　　　　　　30 000

　　贷：应收账款　　　　　　　　　　　　　　　　　　　　　　　30 000

二、银行存款支付的核算

企业的银行存款，要设置"银行存款"账户核算，用银行存款支付各种材料款，支付税费、办公费等时，发生银行存款支出（或银行存款减少）时，应记入"银行存款"账户贷方，出纳员应在相应的银行存款日记账的支出栏（或贷方）登记相应的金额。

【例4-3】某公司行政部门支付电话费5 000元，编制会计分录如下：

借：管理费用——电话费　　　　　　　　　　　　　　　　　　　5 000

　　贷：银行存款　　　　　　　　　　　　　　　　　　　　　　5 000

【例4-4】某公司购入材料一批，支付购材料款20 000元，增值税为3400元，合计23 400元，编制会计分录如下：

借：在途物资　　　　　　　　　　　　　　　　　　　　　　　20 000

　　应交税费——应交增值税（进项税额）　　　　　　　　　　3 400

　　贷：银行存款　　　　　　　　　　　　　　　　　　　　　23 400

【例4-5】某公司以银行存款偿还原欠外单位货款10 000元，编制会计分录如下：

借：应付账款　　　　　　　　　　　　　　　　　　　　　　　10 000

　　贷：银行存款　　　　　　　　　　　　　　　　　　　　　10 000

三、银行存、贷款及贴现利息的计算

1. 银行存、贷款利息的计算

银行存、贷款利息通常应根据以下几个公式进行计算：

$$利息＝本金×时期×利率$$
$$日利率＝月利率÷30（天）$$

或

$$日利率＝年利率÷360（天）$$
$$月利率＝年利率÷12（月）$$

1）本金。指企业存入银行或从银行取得贷款的金额。

2）时期。计息时期"算头不算尾"，即存款从存入之日起，算至支付的前一日止；贷款从借入之日起，算至归还的前一日止，均按实际存款或贷款天数计算利息。对逐笔计息的存、贷款，其计息时期，满月的按月计算。有整月又有零头天数的，可以全部化为天数计算；也可以满月的无论大小月均按30天计算，零头天数按实际天数计算。对活期存、借款，均按实际存款或借款的天数计算利息。如果银行利率调整，存、贷款利息则采取分段计息。银行按每段时间和利率分别计算，然后加总。企业在复核存、借款利息时，应按银行的计息方法计算复核应收、应付的利息额，无误后，根据利息收、付通知单编制凭证，登记有关账簿。

3）利率。一般情况下，银行存款利率和贷款利率是不相同的，计算存款利息时，应选用存款利率，计算贷款利息时，应选用贷款利率。存款和贷款是针对企业而言的。计算日利息时选用相应的日利率，计算月利息时选用相应的月利率，计算年利息时选用相应的年利率。

2. 银行贴现利息的计算

贴现利息是指持票人在票据到期日前提前将票据贴现时，所支付给银行或金融机构的利息。计算公式为

$$贴现利息＝票据到期值×年贴现率×贴现天数÷360$$
$$贴现天数＝贴现日到票据到期日实际天数－1$$

1）票面金额即持票人所持汇票上记载的"出票金额"。

2）贴现率即持票人在申请贴现当日金融机构所报的汇票贴现率，一般以年贴现率计算，若需要也可换算为日贴现率或月贴现率。

3）贴现日即持票人向金融机构申请汇票贴现当日。实付贴现计息日为金融机构放款日。

4）到期日即汇票票面上的"汇票到期日"。

5）贴现天数指票据贴现日距离到期日的实际天数－1。

【例4-6】2011年3月23日，企业销售商品收到一张面值为10 000元、票面利率为6%，期限为6个月的商业汇票。5月2日，企业将上述票据到银行贴现，银行贴现率为8%。假定在同一票据交换区域，则票据贴现利息计算如下：

$$票据到期值＝10000×（1＋6\%÷2）＝10 300（元）$$

该应收票据到期日为9月23日，其贴现天数应为144天（5月30天＋6月30天＋7月31天＋8月31天＋9月23天－1）。

$$票据贴现利息＝票据到期值×贴现率×贴现天数÷360$$
$$＝10300×8\%×144÷360＝329.60（元）$$

四、与银行的对账及未达账项的调节

银行存款日记账要通过与银行送来的对账单进行核对。银行存款日记账的核对主要包括以下三项内容。

1）银行存款日记账与银行存款收、付款凭证互相核对，做到账证相符。

2）银行存款日记账与银行存款总账互相核对，做到账账相符。

3）银行存款日记账与银行开出的银行存款对账单互相核对，做到账实相符。

前两个方面的核对，相对简单。下面着重介绍企业银行存款日记账与银行对账单之间的核对。

企业每月至少应将银行存款日记账与银行对账单核对一次，以检查银行存款收付及结存情况。企业进行账单核对时，往往出现银行存款日记账余额与银行对账单同日余额不符的情况。其原因主要有以下三种：①计算错误；②记账错漏；③未达账项。

计算错误是企业或银行对银行存款结存额的计算发生运算错误；记账错漏是指企业或银行对存款的收入、支出的错记或漏记；未达账项是指银行和企业对同一笔款项收付

业务因记账时间不同而发生的一方已经入账，另一方尚未入账的款项。未达账项主要包括以下四种情况。

1）企业已经收款入账，银行尚未收款入账的款项。

2）企业已经付款入账，银行尚未付款入账的款项。

3）银行已经收款入账，企业尚未收款入账的款项。

4）银行已经付款入账，企业尚未付款入账的款项。

当出现银行存款日记账余额与银行对账单余额不符时，应编制银行存款余额调节表进行调节。银行存款余额调节表有多种编制方法，一般采用"补记式"余额调节法。其基本原理是：假设未达账项全部入账，银行存款日记账及银行对账单的余额应相等。其编制方法是：在双方现有余额基础上，各自加上对方已收、本方未收账项，减去对方已付、本方未付账项，计算调节双方应有余额。用公式表示为

银行存款日记账余额＋银行已收企业未收账项－银行已付企业未付账项＝银行对账单余额＋企业已收银行未收账项－企业已付银行未付账项

银行余额调节表编制步骤如下。

1）按银行存款日记账登记的先后顺序逐笔与银行对账单核对，对双方都已登记的事项打"√"。

2）对日记账和对账单中未打"√"项目进行检查，确认是属于记账错误，还是属于未达账项。

3）对查出的企业记账错误按照一定的错账更正方法进行更正，登记入账，调整银行存款日记账账面余额；对银行记账错误通知银行更正，并调整银行对账单余额。

4）编制银行存款余额调节表，将属于未达账项的事项计入调节表，计算调节后的余额。

银行存款日记账余额与银行对账单余额出现不符，必须查明原因。如果调节后余额一致，表明账户内结存额计算无误。如果调节后余额仍不一致，表明账户内结存计算一定有误，应立即查明错误所在。属于银行方面的原因，应及时通知银行更正；属于本单位原因，应按错账更正办法进行更正。编制银行存款余额调节表后，无须进行账簿记录的调整，只有等到有关单据到达，才可进行账务处理。

【例 4-7】昆明市大鹏有限责任公司 2011 年 6 月 30 日银行存款日记账余额 985.66 元，银行对账单余额 860.06 元。经逐笔核对后，发现存在以下几笔未达账项。

1）企业偿还 A 公司货款 1 856.75 元已登记入账，但银行尚未登记入账。

2）企业收到销售商品款 2 232.47 元已登记入账，但银行尚未登记入账。

3）银行已划转电费 557.93 元登记入账，但企业尚未收到付款通知单、未登记入账。

4）银行已收外地汇入货款 808.05 元登记入账，但企业尚未收到收款通知单、未登记入账。

根据以上情况编制银行存款余额调节表，如表 4-1 所示。

表 4-1　银行存款余额调节表

编制单位：昆明市大鹏有限责任公司　　　　　　　　　　　　日期：2011 年 6 月 30 日

项目	金额/元	项目	金额/元
企业银行存款日记账余额	985.66	银行对账单存款余额	860.06
加：银行已收、企业未收款	808.05	加：企业已收、银行未收款	2 232.47
减：银行已付、企业未付款	557.93	减：企业已付、银行未付款	1 856.75
调节后的存款余额	1 235.78	调节后的存款余额	1 235.78

制表：　出　纳　　　　　　　　　　　　　　　　　审核：　会计主管

练 习 题

一、单项选择题

1. 员工津贴和奖金，应从（　　）账户支付。

    A．基本存款账户　　　　　　　　　B．一般存款账户

    C．专用存款账户　　　　　　　　　D．临时存款账户

2. 下列关于贴现利息的说法，正确的是（　　）。

    A．贴现利息是银行应支付给企业的利息

    B．贴现利息是企业应支付给银行的利息

    C．支票贴现时应计算贴现利息

    D．贴现利息就是存款利息

3. "银行存款"账户的借方登记的是（　　）。

    A．企业收到的银行存款　　　　　　B．企业支付的银行存款

    C．银行存款的减少　　　　　　　　D．银行存款的增加和减少都可以

4. 某公司上月月末银行存款结存 352400 元；本月收到现金支票一张，金额为 13 000 元；收到转账支票一张，金额为 89 500 元；开出转账支票一张，金额为 28 900 元；用现金购买办公用品花费 900 元，员工归还现金借款 400 元。则该公司本月月末银行存款余额为（　　）元。

    A．425 500　　　　B．426 000　　　　C．413 000　　　　D．483 800

二、多项选择题

1. 下列各项不符合规定的为（　　）。

    A．用银行账户替他人收支现金

    B．将现金以个人名义存入银行

    C．虚构业务从银行套取现金

    D．根据各单位的具体情况决定是否将收到的款项存入银行

    E．严格支票管理，不得签发空头支票

2. 可提取现金的账户有（　　）。

    A. 基本存款账户　　　　B. 一般存款账户　　　　C. 专用存款账户

    D. 临时存款账户　　　　E. 个人存款账户

3. 公司从银行提取现金时，下列说法正确的有（　　）。

    A. 库存现金增加　　　　　　　　　　B. 库存现金减少

    C. 银行存款增加　　　　　　　　　　D. 银行存款减少

    E. 银行存款减少，库存现金不变

三、判断题

1. 未达账项是指银行与企业尚未结算的账项。　　　　　　　　　　（　　）

2. 一个单位可以根据需要开设几个基本存款账户。　　　　　　　　（　　）

3. 企业与银行进行对账后，对产生的未达账项，应根据银行存款余额调节表进行相应的账务处理。　　　　　　　　　　　　　　　　　　　　　　　（　　）

4. 有多个银行账户的，可只设置一个银行存款日记账进行登记。　（　　）

5. 出纳应于每日终了时与银行进行对账，做到日清月结。　　　　　（　　）

四、简答题

1. 什么是未达账项？简述未达账项的四种情况。

2. 简述银行存款账户管理的原则。

五、业务题

1. 某公司于 2011 年 5 月 21 日向银行借入年利率为 9.6%、期限为半年的短期借款 50 万元，计算到期需要支付的利息金额。

2. 某公司出纳员从银行提取库存现金 8 950 元，以备日常支出。写出相关的会计分录。

3. 某公司将销售产品所得库存现金 790 元存入银行。写出相关的会计分录。

4. 永康商场 2 月份发生了以下几笔银行存款业务，根据银行存款日记账（如图 4-1 所示）和中国工商银行对账单（如图 4-2 所示），编制银行存款余额调节表。

账户：工商银行

账号：2745

20 年		凭证		摘　要	结算凭证		借　方	贷　方	余　额
月	日	字	号		种类	号数			
				承前页					36 240
2	21			提现	现支	245		240	36 000
	23			送存销货款	进账	385	6 000		42 000
	24			销货款收回	信汇	423	2 000		44 000
	26			付进货款	转支	511		31 500	12 500
	28			收销货款	转支	003	6 750		19 250

图 4-1　银行存款日记账

账户：永康商场

账号：2745

20 年		凭 证		摘 要	结算凭证		借 方	贷 方	余 额
月	日	字	号		种类	号数			
				承前页					36 240
2	21			提现	现支	245	240		36 000
	23			送存销货款	进账	385		6 000	42 000
	24			销货款收回	信汇	423		2 000	44 000
	27			付水电费	委收	092	1 200		42 800
	28			收销货款	委收	672		5 000	47 800

图 4-2 中国工商银行对账单

常用的票据和结算方式

5

第五章

票据是指《票据法》所规定的由出票人签发的、约定自己或者委托付款人在见票时或指定的日期向收款人或持票人无条件支付一定金额并可转让的有价证券。在我国，票据主要包括支票、汇票和本票。银行结算方式包括支票、汇票和本票等票据结算方式和票据外的结算方式。票据外的结算方式包括汇兑、委托收款、托收承付、信用卡等。

知识目标

- 常用票据的名称、种类、特点、用途及其适用范围。
- 银行常用结算方式的名称、种类、特点、用途及其适用范围。

能力目标

- 熟悉各种常用票据的名称、特点、用途及适用范围。
- 掌握各种票据的操作程序。
- 熟悉银行各种结算方式的名称、特点、用途及适用范围。
- 掌握银行各种结算方式的业务操作。

第一节 常用的票据

一、支票

（一）支票的概念及特点

《票据法》规定："支票是出票人签发的，委托办理支票存款业务的银行在见票时无条件支付确定的金额给收款人或者持票人的票据。"由于支票结算方式手续简便，因而是目前同城结算中使用比较广泛的一种结算方式。支票的基本当事人有三个，即出票人、付款人和收款人。出票人就是签发支票的单位或个人，付款人是出票人的开户银行，收款人是支票上记载的收款单位或个人。

支票具有以下两个特点。

1）支票是见票即付的票据。支票在有效提示期限内，持票人一旦提示，付款人则应当无条件地支付票面金额，法定抗辩的事由除外。

2）支票的付款人只限于银行，而在出票人与付款人之间，要求必须有一定的资金关系存在。这与汇票、本票的付款人无身份限制有很大不同。

（二）支票的种类及适用范围

支票按照支付票款的方式，可分为普通支票、现金支票和转账支票。在实践中，我国一直采用的是现金支票和转账支票，没有普通支票，但《票据法》为了方便当事人，借鉴国外的方法经验，规定了普通支票的形式。

1. 现金支票

票面上印有"现金"字样的支票为现金支票。现金支票只能用于支取现金。收款人凭支票支取现金时，只能到出票人的开户银行（该现金支票的出售银行）提取，不能跨行支取。

现金支票票样如图 5-1 和图 5-2 所示。

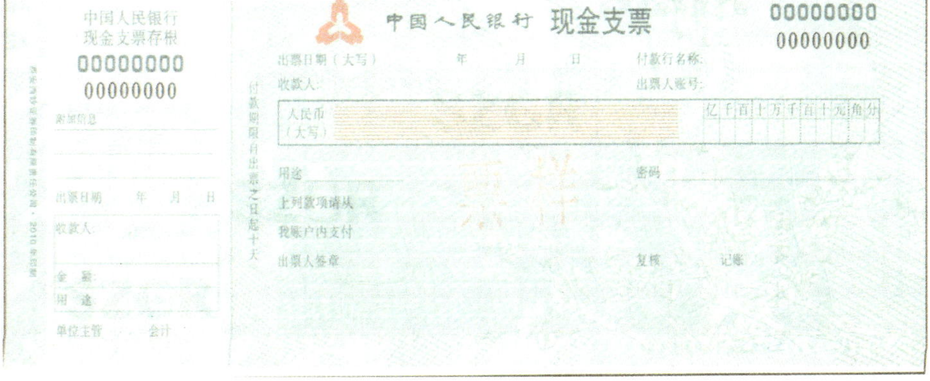
中国人民银行
现金支票存根
00000000
00000000
附加信息
出票日期 年 月 日
收款人:
金 额:
用 途
单位主管 会计

中国人民银行 现金支票
00000000
00000000
出票日期（大写） 年 月 日 付款行名称:
收款人: 出票人账号:
付款期限自出票之日起十天
人民币（大写） 亿 千 百 十 万 千 百 十 元 角 分
用途 密码
上列款项请从
我账户内支付
出票人签章 复核 记账

图 5-1 现金支票票样（正面）

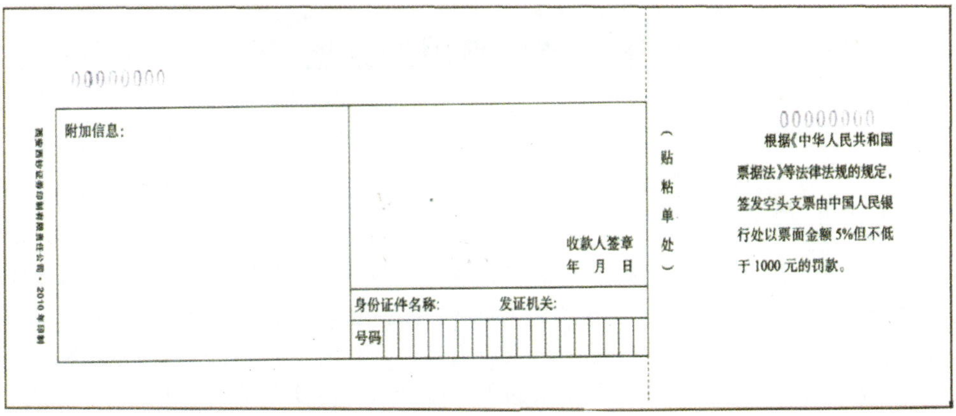

图 5-2　现金支票票样（背面）

2. 转账支票

票面上印有"转账"字样的支票为转账支票，转账支票不能用以支取现金，只能用于转账结算。

持票人收到转账支票的，必须将支票金额进账到自己的账户，然后再从自己账户中提取现金。

转账支票票样如图 5-3 和图 5-4 所示。

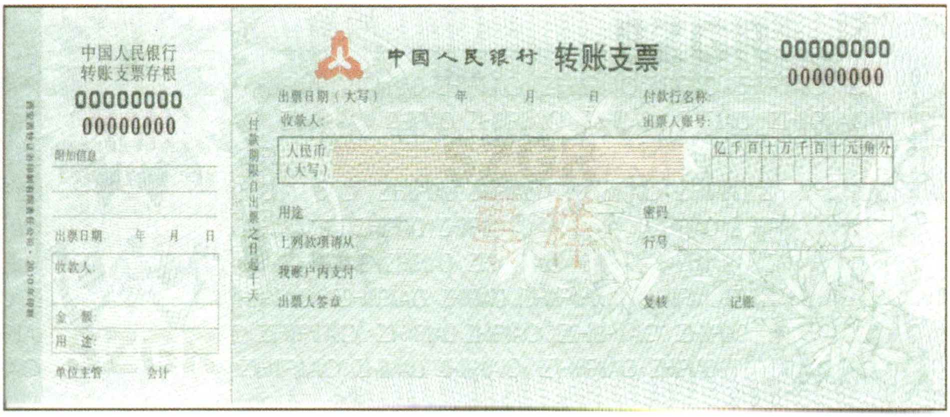

图 5-3　转账支票票样（正面）

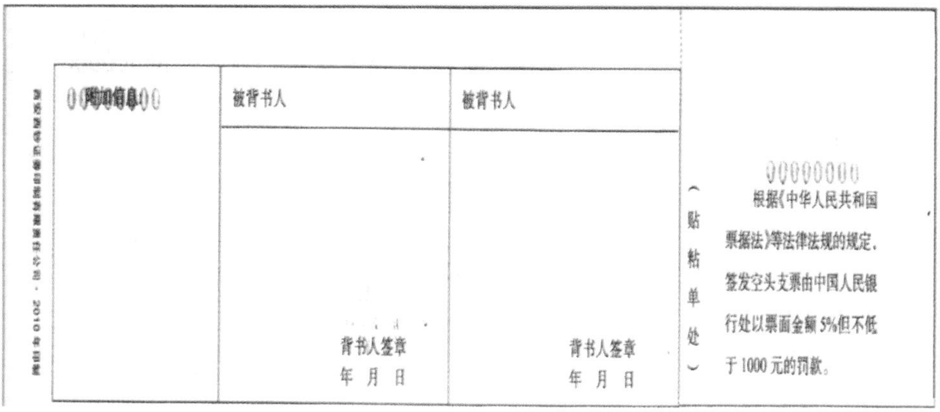
附加信息

被背书人

被背书人

背书人签章
年 月 日

背书人签章
年 月 日

（贴粘单处）

根据《中华人民共和国票据法》等法律法规的规定，签发空头支票由中国人民银行处以票面金额5%但不低于1000元的罚款。

图 5-4 转账支票票样（背面）

3. 普通支票

票面上未印有“现金”或“转账”字样的支票为普通支票。这种支票既可以用来支取现金，也可用来转账。在普通支票左上角划两条平等线的，为划线支票，划线支票只能用于转账。未划线者可用于支取现金。

4. 空头支票

空头支票是指出票人与付款人并无资金关系，或者其签发的支票金额超出其在付款人处的存款金额，致使银行拒绝付款，这种支票称为空头支票。出票人要负法律上的责任，根据《票据管理实施办法》的规定，签发空头支票或者签发与其预留的签章不符的支票，不以骗取财物为目的的，由中国人民银行处以票面金额 5%但不低于 1 000 元的罚款。持票人有权要求出票人赔偿支票金额 2%的赔偿金。对屡次签发的，银行应停止其签发支票。

（三）支票的管理

1）存款人向开户银行领取支票时，必须填写“支票领用单”，并加盖预留银行印鉴章，经银行核对印鉴相符后，按规定收取工本费和手续费，发给空白支票，并在支票登记簿上注明领用日期、存款人名称、支票起止号码，以备查对。银行对出售支票，每个账户只准一次一本（25 张/本），业务量大的可以适当放宽。出售时应在每张支票上加盖本行名称和存款人账号。单位撤销、合并结清账户时，应将剩余的空白支票填列一式两联清单，全部交回银行注销。清单一联由银行盖章后退还收款人，另一联银行留作清户传票附件。

2）要严格控制携带空白支票外出采购。对事先不能确定采购物资的单价、金额的，经单位领导批准，可将填明收款人名称和签发日期、明确了款项用途和款项限额的支票交采购人员，使用支票人员回单位后必须及时向财务部门结算，款项限额的办法是在支票正面用文字注明所限金额，并在小写金额栏内用“￥”填定数位。

3）不准签发空头支票，不准签发远期或过期支票，不准签发印鉴不全、不符的支票，不准出租、出借支票或转让给其他单位和个人使用，不准将支票做抵押。

4）支票应由财会人员或使用人员签发，不得将支票交给收款人代为签发。支票存根要同其他会计凭证一样妥善保管。

5）收款人在接受付款人交来的支票时，应注意审核以下内容:支票收款人或被背书人是否确为本收款人；支票签发人及其开户银行的营业地是否在本结算区；支票签发日期是否在付款期内；金额大小写是否一致；支票是否按规定用墨汁或碳素墨水填写；大小写金额、签发日期和收款人名称有无更改；签发人盖章是否齐全等。

6）对持支票前来购货的购货人必须核对身份，查验有关证件。为了防止发生诈骗、冒领或收受空头支票，收款人或被背书人接受支票时，可检查持票人的身份证，摘录身份证号码并问明联系电话等。按常规应将受理的支票及时送存银行，待银行将款项收妥并存入本单位账户后再行发货。

（四）支票的结算

1. 支票结算的基本规定

1）支票一律记名。中国人民银行总行批准的地区转账支票可以背书转让。可背书转让的支票，目前仅在上海、广州、武汉、沈阳等城市试行。

2）支票付款期限为 10 天。

3）签发支票应使用墨汁或碳素墨水填写，款项未按规定填写或被涂改冒领的，由签发人负责。

4）签发人必须在银行账户余额内按照规定向收款人签发支票。对签发空头支票或印章与预留印鉴不符的支票,银行除退票外并按票面金额处以 5%但不低于 1 000 元的罚款。对屡次签发的，银行根据情节给予警告、通报批评、直至停止其向收款人签发支票。

5）收款人应当受理的转账支票连同填制的进账单送交开户银行。收款人凭现金支票支取现金，须在支票背面背书，持票到签发人的开户银行支取现金，并按照银行的需要交验证件。

6）支票的持票人应当自支票出票日起 10 日内提示付款。超过提示付款期限的，依照《票据法》的规定，付款人可以不予付款，但是付款人不予付款的，出票人仍应当对持票人承担票据责任，持票人可向出票人进行追索，获取新的票据。

7）已签发的现金支票遗失，可以向银行申请挂失。挂失前已经支付，银行不予受理。已签发的转账支票遗失，银行不受理挂失，可请求收款人协助防范。

2. 出票（签发支票）

出票是出票人签发支票并交付收款人的行为。但是出票人签发支票必须具备一定的条件，即在经中国人民银行当地分支行批准办理支票业务的银行机构开立可以使用支票的存款账户的单位和个人。

支票的绝对应记载事项包括以下几项：①表明"支票"字样；②出票日期；③确定的金额；④付款人名称；⑤无条件支付的委扥；⑥出票人签章。

为了发挥支票灵活使用的特点，我国《票据法》规定了两项绝对应记载事项可以通过授权补记的方式记载：一是支票上的金额可以由出票人授权补记，未补记前的支票，不得使用；二是支票上未记载收款人名称的，经出票人授权，可以补记。

支票的相对应记载事项包括以下两项：①付款地。支票上未记载付款地的，付款人的营业场所为付款地，即以出票人的开户银行营业地为付款地。②出票地。支票上未记载出票地的，出票人的营业场所、住所或者经常居住地为出票地。

3. 支票结算的基本程序

（1）现金支票结算的基本程序

1）开户单位用现金支票提取现金时，由单位出纳人员签发现金支票并加盖银行预留印鉴后，到开户银行提取现金。（详细操作见第三章现金的提取）

2）开户单位用现金支票向外单位或个人支付现金时，由付款单位出纳人员签发现金支票并加盖银行预留印鉴和注明收款人，并由收款人在支票副本及支票登记簿上签字后，将现金支票正本交收款人，副本留单位做账用。签发现金支票时，无须在支票背面填写相关信息，此信息由收款人到银行提现时填写，收款人只能到付款单位开户银行提取现金，不能到其他银行提取。

（2）转账支票结算的基本程序

出票（签发转账支票）的相关处理为：①出票人按支票记载事项签发转账支票；②收款人在支票副本及支票登记簿上签字盖章；③出票人将支票正本交收款人；④出票人将支票副本（存根）作为会计入账凭证。

【例 5-1】 2011 年 2 月 3 日，昆明市大鹏有限责任公司向昆明海源有限公司购买原材料，价款合计 35 000 元，用转账支票付讫，如图 5-5 所示。

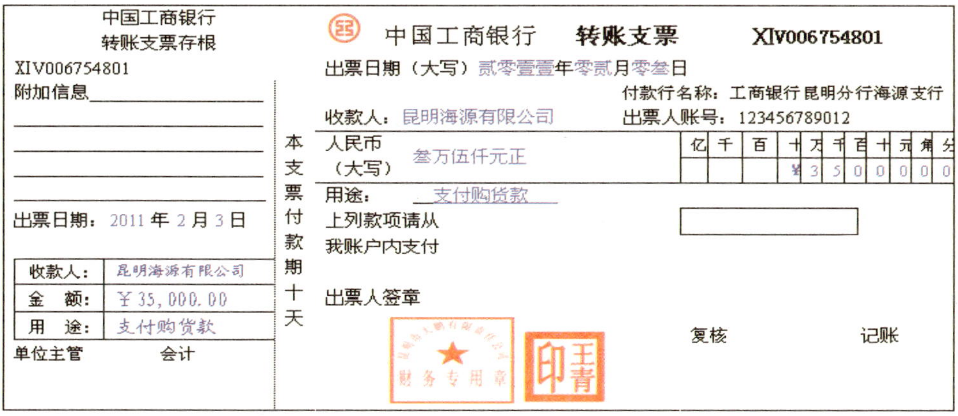
中国工商银行
转账支票存根
XIV006754801
附加信息
出票日期：2011 年 2 月 3 日
收款人：昆明海源有限公司
金　额：¥35,000.00
用　途：支付购货款
单位主管　会计

本支票付款期十天

中国工商银行　转账支票　XIV006754801
出票日期（大写）贰零壹壹年零贰月零叁日
付款行名称：工商银行昆明分行海源支行
收款人：昆明海源有限公司　出票人账号：123456789012
人民币（大写）叁万伍仟元正

亿	千	百	十	万	千	百	十	元	角	分
			¥	3	5	0	0	0	0	0

用途：支付购货款
上列款项请从
我账户内支付
出票人签章
财务专用章　王青印
复核　记账

图 5-5　转账支票

收到转账支票的相关处理如下。

1）按照支票的必要记载事项，检查核对收到的转账支票所记载要素是否齐全、正确。

【例 5-2】 昆明市大鹏有限责任公司于 2011 年 2 月 10 日向南方吉祥电器制造厂销

售产品一批，价款合计 42 300 元，收到转账支票一张，如图 5-6 所示。

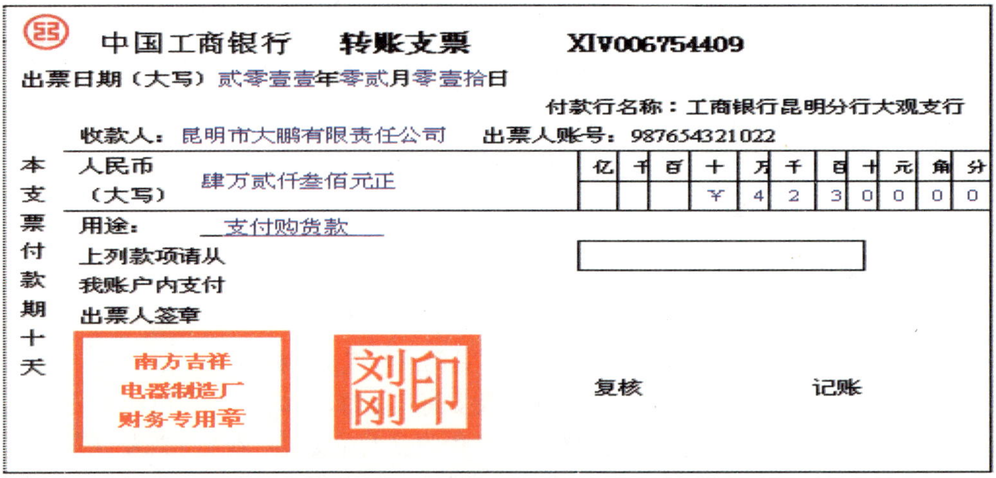

中国工商银行 转账支票 XIV006754409

出票日期（大写）贰零壹壹年零贰月零壹拾日

付款行名称：工商银行昆明分行大观支行

收款人：昆明市大鹏有限责任公司 出票人账号：987654321022

本支票付款期十天

人民币（大写） 肆万贰仟叁佰元正

亿	千	百	十	万	千	百	十	元	角	分
			¥	4	2	3	0	0	0	0

用途：支付购货款

上列款项请从

我账户内支付

出票人签章

南方吉祥电器制造厂财务专用章

刘刚印

复核 记账

图 5-6 转账支票

2）收到转账支票时，应在支票背面填写相关信息。在转账支票背面被背书人处填写开户银行名称，在背书人签章上方写上“委托收款”字样，然后在“委托收款”下方盖上印鉴章，并签上进账日期，如图 5-7 所示。进账日期不能早于出票日期。

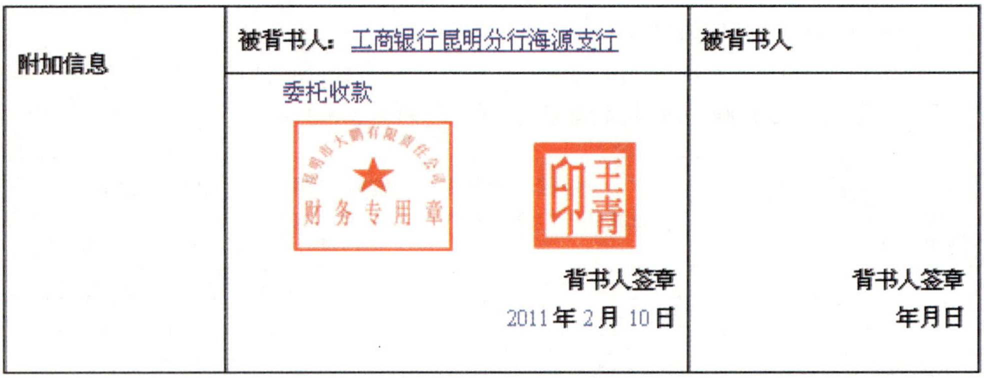

附加信息	被背书人：工商银行昆明分行海源支行	被背书人
	委托收款 昆明市大鹏有限责任公司 财务专用章 王青印 背书人签章 2011 年 2 月 10 日	背书人签章 年月日

图 5-7 转账支票背面需填写的相关信息

3）填写银行进账单，如图 5-8 所示，连同转账支票交开户银行办理收款事宜。

工商银行进账单 （贷方凭证）

2011 年 2 月 10 日

出票人	全称	南方吉祥电器制造厂	收款人	全称	昆明市大鹏有限责任公司										
	账号	987654321022		账号	123456789012										
	开户银行	工行昆明分行海源支行		开户银行	工行昆明分行大观支行	亿	千	百	十	万	千	百	十	元	角	分
金额	人民币（大写）	肆万贰仟叁佰元正							¥	4	2	3	0	0	0	0
票据种类	转账支票	票据张数	1												
票据号码	XIv006754409														
备注：															

复核 　　　　记账

图 5-8 银行进账单

银行进账单是持票人或收款人将票据款项存入收款人银行账户的凭证，也是银行将票据款项记入收款人账户的凭证。持票人填写银行进账单时，必须清楚地填写票据种类、票据张数、收款人名称、收款人开户银行及账号、付款人名称、付款人开户银行及账号、票据金额等栏目，并连同背书好的支票一并交给银行经办人员。对于二联式进账单，银行受理后，应在第一联上加盖转讫章并退给持票人，持票人凭以记账。把支票存入银行后，支票就留在银行了，企业凭银行已盖章的进账单来记账，说明支票上的款项已划到企业的银行存款账户。

4．付款

1）提示期间。支票为见票即付的票据，但是为了防止持票人长时间不提示付款，给出票人在管理上造成不便，以及防止空头支票的出现，《票据法》规定："支票的持票人应当自出票日起 10 日内提示付款；异地使用的支票，其提示付款的期限由中国人民银行另行规定。"

2）付款。持票人在提示期间内向付款人提示票据，付款人在对支票进行审查之后，如未发现有不符规定之处，即应向持票人付款。出票人在付款人处的存款足以支付支票金额时，付款人应当在当日足额付款。

3）付款责任的解除。《票据法》规定："付款人依法支付支票金额的，对出票人不再承担受委托付款的责任，对持票人不再承担付款的责任。但是，付款人以恶意或者有重大过失付款的除外。"这里所指的"恶意或者有重大过失付款"是指付款人在收到持票人提示的支票时，明知持票人不是真正的票据权利人，支票的背书以及其他签章系属伪造，或者付款人不按照正常的操作程序审查票据等情形，在此情况下，付款人不能解除付款责任，由此造成损失的，由付款人承担赔偿责任。

二、汇票

（一）汇票的概念及特点

汇票是由出票人签发的、委托付款人在见票时或在指定日期，向收款人或持票人无条件支付一定款项的票据。汇票是国际结算中使用最广泛的一种信用工具。

从以上定义可知：①汇票是一种无条件支付的委托，付款人应无条件支付票据金额给持票人；②汇票有三个基本当事人，即出票人、付款人和收款人。由于三个当事人在汇票发行时既已存在，故属于基本当事人，三者缺一不可；③汇票是由出票人委托他人支付的票据，是一种委托证券，而非自付证券；④汇票是在见票时或在指定日期付款的票据。

（二）汇票的种类

汇票从不同角度可进行以下划分。

1. 按出票人分类

按出票人不同，汇票可分为银行汇票和商业汇票。

（1）银行汇票

银行汇票是汇款人将款项交存当地银行，由银行签发给汇款人持往异地办理转账结算或支取现金的票据。银行汇票的出票人是银行，付款人也是银行。单位、个体经济户和个人需要使用各种款项，均可使用银行汇票。

采用银行汇票结算方式，应注意以下几个问题。

1）银行汇票的提示付款期为一个月，超过提示付款期限，经出具证明后，仍可以请求出票银行付款。银行汇票见票即付。填明"现金"字样和代理付款行的银行汇票丧失，失票人可以向银行申请挂失，或者向法院申请公示催告或提起诉讼。但未填明"现金"字样和代理付款行的银行汇票丧失不得挂失。

2）银行汇票一律记名，可以背书转让。背书是指在票据背面或者粘单上记载有关事项并签章的票据行为。背书是一种票据行为，是转让票据权利的重要方式，它的产生是票据成为流通证券的一个标志。

3）银行汇票的汇款金额起点为 500 元。

（2）商业汇票

商业汇票是收款人或付款人（或承兑申请人）签发，由承兑人承兑，并于到期日向收款人或被背书人支付款项的票据。商业汇票的出票人是企业或个人，付款人可以是企业、个人或银行。商业汇票适用于同城或异地在银行开立存款科目的法人以及其他组织之间，订有购销合同的商品交易的款项结算（必须具有真实的交易关系或债权债务关系）。

采用商业汇票结算方式，应注意以下几个问题。

1）采用商业汇票结算方式时，承兑人即付款人员有到期无条件支付票款的责任。

2）对信用不好的客户应慎用或不用商业汇票结算方式。

3）商业汇票一律记名。允许背书转让，但背书应连续。

4）商业汇票的承兑期限由交易双方商定，但最长不得超过 6 个月。商业汇票的提示付款期限为自汇票到期日起 10 日内。

付款人应当自收到提示承兑的汇票之日起 3 日内承兑或者拒绝承兑。付款人拒绝承兑的，必须出具拒绝承兑的证明。

商业汇票按承兑人的不同，分为商业承兑汇票和银行承兑汇票。商业承兑汇票由银行以外的付款人承兑。银行承兑汇票由银行承兑。商业汇票的付款人为承兑人。

2. 按付款期限分类

按付款日期不同，汇票可分为即期汇票和远期汇票。汇票上付款日期有四种记载方式，即见票即付；见票日后定期付款；出票日后定期付款；定日付款。若汇票上未记载付款日期，则视作见票即付。见票即付的汇票为即期汇票。其他三种记载方式为远期汇票。

（三）汇票的票据行为

汇票使用过程中的各种行为，都应按票据法的规范进行操作。汇票的票据行为主要有出票、提示、承兑（只有商业汇票需要承兑）和付款。如需转让，通常应经过背书行为。如汇票遭拒付，还需制作拒绝证书。

1. 出票

出票也称发票，是指出票人签发汇票并交付给收款人的行为。出票人在出票时，必须与付款人有真实的委托付款关系，并且具有支付汇票金额的可靠资金来源，不得签发无对价的汇票用以骗取银行或者其他票据当事人的资金。出票后，出票人即承担保证汇票得到承兑和付款的责任。如汇票遭到拒付，出票人应接受持票人的追索，清偿汇票金额、利息和有关费用。

签发汇票必须记载以下几方面事项。

1）表明"汇票"的字样。

2）无条件支付的委托。如果汇票附有条件，则汇票无效。

3）确定的金额。汇票上记载的金额必须是固定的数额，如果汇票上记载的金额是不确定的，如 5 万元以下，3 万元以上等，汇票将无效。汇票记载的金额有汇票金额和实际结算金额。汇票金额是指出票时汇票上应该记载的确定金额。实际结算金额是指不超过汇票金额，而另外记载的具体结算金额。实际结算金额只能小于或等于汇票金额，如果实际结算金额大于汇票金额的，实际结算金额无效，以汇票金额为付款金额。

4）付款人名称。

5）收款人名称。

6）出票日期。

7）出票人签章。

汇票上未记载前款规定事项之一的，汇票无效。汇票上记载付款日期、付款地、出票地等事项的，应当清楚、明确。汇票上未记载付款日期的，为见票即付。汇票上未记载付款地的，付款人的营业场所、住所或者经常居住地为付款地。付款人的营业场所为其从事生产经营活动的固定场所，付款人无营业场所的，以其住所地为付款地，住所地与经常居住地不一致的，以其经常居住地为付款地。汇票上未记载出票地的，出票人的营业场所、住所或者经常居住地为出票地。

汇票上可以记载上述事项以外的其他出票事项，但是该记载事项不具有汇票上的效力。

【例 5-3】2011 年 2 月 19 日昆明市大鹏有限责任公司从公司开户银行（工行昆明市分行海源支行）开出银行汇票一张，如图 5-9 所示，支付重庆××公司购货款，汇票金额为人民币 169 万元，实际结算金额为人民币 158 万元。

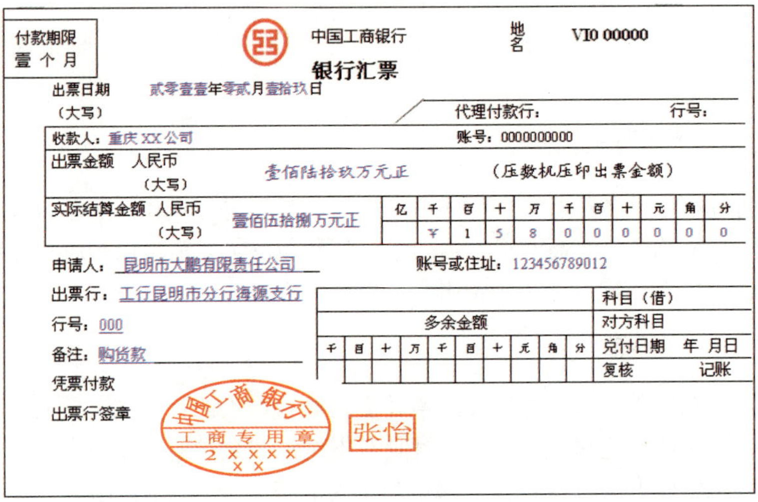

付款期限 壹个月

中国工商银行 银行汇票 地名 VI0 00000

出票日期（大写） 贰零壹壹年零贰月壹拾玖日

代理付款行： 行号：

收款人：重庆 XX 公司 账号：0000000000

出票金额 人民币（大写） 壹佰陆拾玖万元正 （压数机压印出票金额）

实际结算金额 人民币（大写）	亿	千	百	十	万	千	百	十	元	角	分
壹佰伍拾捌万元正		¥	1	5	8	0	0	0	0	0	0

申请人：昆明市大鹏有限责任公司 账号或住址：123456789012

出票行：工行昆明市分行海源支行

行号：000

备注：购货款

凭票付款

出票行签章

多余金额										科目（借）
千	百	十	万	千	百	十	元	角	分	对方科目
										兑付日期 年 月日
										复核 记账

图 5-9 银行汇票

2. 背书

背书是汇票、本票和支票共有的行为，背书制度适用于三种票据。根据我国《票据法》规定，除非出票人在汇票上记载“不得转让”、“禁止背书”或“禁止转让”等表明禁止背书外，汇票的收款人可以以记名背书的方式转让汇票权利，即在汇票背面签上自己的名字并签章，并记载被背书人的名称，然后把汇票交给被背书人即受让人，受让人成为持票人，也是票据的债权人。受让人有权以背书方式再行转让汇票的权利。在汇票经过不止一次转让时，背书必须连续，即被背书人和背书人名字前后一致。对受让人来说，所有以前的背书人和出票人都是他的“前手”；对背书人来说，所有他转让以后的受让人都是他的“后手”。前手对后手承担汇票得到承兑和付款的责任。在背书时，不得附有条件。背书附有条件的，所附条件不具有汇票上的效力；但所附条件并不影响背书行为本身的效力，被背书人仍可依该背书取得票据权利。背书时也不得将汇票金额部分背书转让，即不能将汇票上的一部分金额背书转让，或者将汇票金额分别转让给两人以上，而只能一次将汇票金额全部转让给一个被背书人。

票据背书时必须记载的事项有：背书签章、被背书人名称、背书日期。前两项为绝对应记载事项，如果欠缺记载，背书无效。

【例5-4】2011年6月20日昆明市大鹏有限责任公司收到商业汇票一张，如图5-10所示，将其背书转让给天津××公司，天津××公司收到汇票后于2011年7月10日又将其背书转让给辽宁××公司，辽宁××公司收到汇票后于2011年8月10日向工行辽宁×分行请求付款。

被背书人：天津××公司	被背书人：辽宁××公司	被背书人：工行辽宁×分行
昆明市大鹏有限责任公司 财务专用章 印 王青	天津×× 公司 财务专用章 刘 刚 印	辽宁×× 公司 财务专用章 印 王青
背书人签章 2011年6月20日	背书人签章 2011年7月10日	背书人签章 2011年8月10日

图 5-10　商业汇票

3．提示

提示是持票人将汇票提交给付款人要求承兑或付款的行为，是持票人要求取得票据权利的必要程序。提示又分付款提示和承兑提示。

承兑提示是指持票人向付款人出示汇票，并要求付款人承诺付款的行为。定日付款或者出票后定期付款的汇票，持票人应当在汇票到期日前向付款人提示承兑；见票后定期付款的汇票，持票人应当自出票日起1个月内向付款人提示承兑；见票即付的汇票无须提示承兑。

付款提示是指持票人向付款人或承兑人出示票据，请求付款的行为。持票人只有在法定期限内进行付款提示的，才产生法律效力。见票即付的汇票，自出票日起1个月内向付款人提示付款；定日付款、出票后定期付款的或者见票后定期付款的汇票，自到期日起10日内向承兑人提示付款。如果持票人未在上述法定期限内进行付款提示的，将丧失对其前手的追索权。

4．承兑

只有商业汇票（包括银行承兑汇票和商业承兑汇票）在付款前需要经过承兑程序，银行汇票在付款时无须承兑。（详细内容将在下文"承兑汇票"部分进行介绍）

5. 付款

付款持票人向付款人或承兑人进行付款提示后，付款人无条件地在当日按票据金额足额付给合法持票人的行为。付款人付款后，持票人将汇票注销后交给付款人作为收款证明，汇票所代表的债权债务关系即告终止。

持票人按照规定在法定期限内进行提示付款的，付款人必须在当日付款，且支付的款项为票据的全部，而非部分。如果付款人或承兑人不能当日足额付款的，应承担迟延付款的责任。

6. 拒付和追索

持票人向付款人提示，付款人拒绝付款或拒绝承兑，均称拒付。另外，付款人逃匿、死亡或宣告破产，以致持票人无法实现提示，也称拒付。出现拒付，持票人有追索权，即有权向其前手（背书人、出票人）要求偿付汇票金额、利息和其他费用的权利。在追索前必须按规定制作拒绝证书并发出拒付通知。拒绝证书用以证明持票已进行提示而未获结果，可由付款地公证机构出具，也可由付款人自行出具退票理由书，或有关的司法文书。拒付通知用以通知前手关于拒付的事实，使其准备偿付并进行再追索。

银行汇票票样如图 5-11 和图 5-12 所示。

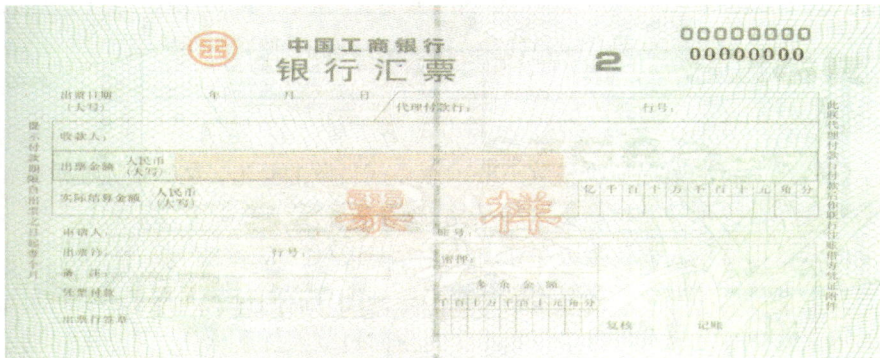

图 5-11　银行汇票票样（正面）

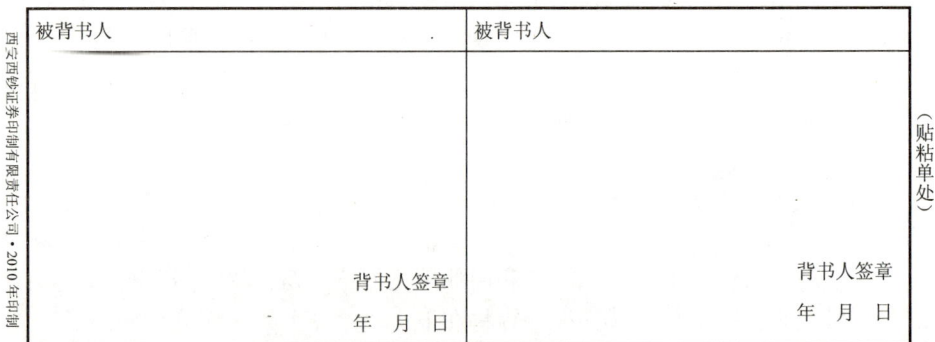

图 5-12　银行汇票票样（背面）

三、本票

（一）本票的概念及特点

本票是由出票人签发的，承诺自己在见票时无条件支付确定的金额给收款人或持票人的票据。

本票具有以下几方面的特点。

1）自付票据。本票是由出票人本人对持票人付款。

2）基本当事人少。本票的基本当事人只有出票人和收款人两个。

3）无须承兑。本票在很多方面可以适用汇票的相关法律制度。但是由于本票是由出票人本人承担付款责任，无须委托他人付款，所以本票无须承兑就能保证付款。

（二）本票的种类

本票又可分为商业本票和银行本票。

商业本票是由工商企业或个人签发的本票，也称为一般本票。商业本票可分为即期商业本票和远期商业本票。远期商业本票一般不具备再贴现条件，特别是中小企业或个人开出的远期本票，因信用保证不高，因此很难流通。银行本票是由银行签发的，承诺自己在见票时无条件支付确定的金额给收款人或持票人的票据。据《票据法》的规定，本票仅限于银行本票，且为记名式本票和即期本票。银行本票可分为定额银行本票和不定额银行本票。定额银行本票面额为 1 000 元、5 000 元、1 万元和 5 万元。

（三）本票的票据行为

1. 出票

签发本票必须记载下列事项：①表明"本票"的字样；②无条件支付的承诺；③确定的金额；④收款人名称；⑤出票日期；⑥出票人签章。欠缺记载上列事项之一的，银行本票无效。

本票可任意记载的事项与汇票的记载事项相同，目的均在于提高本票的信用和保证其流通的顺利进行。具体包括本票到期后的利率、利息的计算，本票是否允许转让，是否缩短付款的提示期限，在发生拒绝付款时，对其他债务人通知事项的约定。

2. 背书

本票如需转让，须经背书，本票的背书与汇票的背书完全相同，可参照汇票的背书进行操作。

3. 付款

1）提示付款。银行本票是见票付款的票据，收款人或持票人在取得银行本票后可随时向出票人提示付款。

2）本票自出票日起，付款期限最长不得超过 2 个月。

3）持票人第一次向出票人提示本票是行使第一次请求权，它是向本票的其他债务人行使追索的必经程序，没有按期提示的本票，则丧失对出票人以外的前手的追索权。也就是说，如果银行本票未在规定期限内向出票人提示付款，当票据不获付款时，只能向出票人进行追索，而不能向其他前手追索。

银行本票票样如图 5-13 和图 5-14 所示。

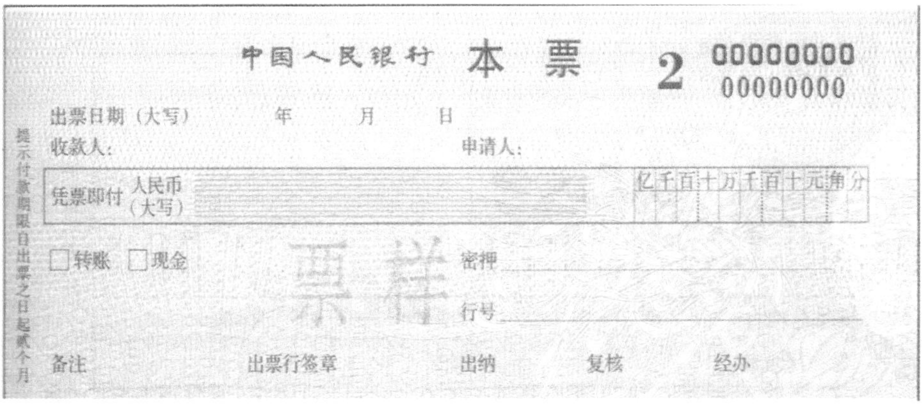
中国人民银行 本票 2 00000000 00000000
出票日期（大写） 年 月 日
收款人： 申请人：
凭票即付 人民币（大写） 亿 千 百 十 万 千 百 十 元 角 分
□转账 □现金 票样 密押
行号
备注 出票行签章 出纳 复核 经办
提示付款期限自出票之日起贰个月

图 5-13　银行本票票样（正面）

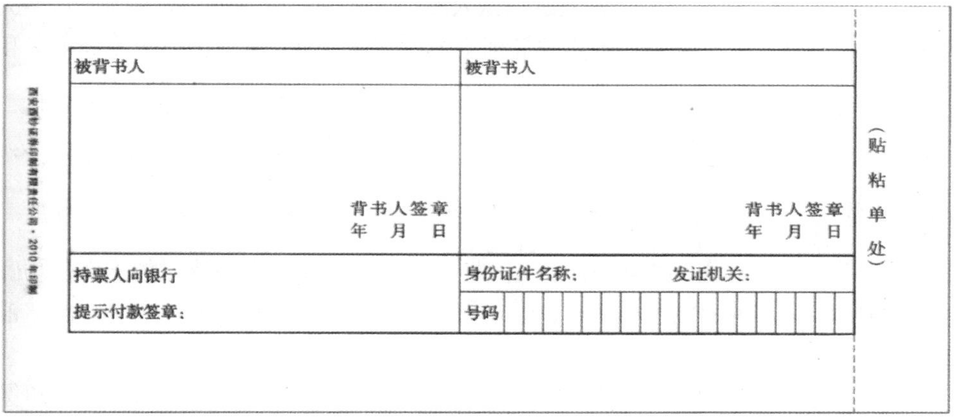
被背书人 被背书人
背书人签章 年 月 日
背书人签章 年 月 日
持票人向银行提示付款签章：
身份证件名称： 发证机关：
号码
（贴粘单处）

图 5-14　银行本票票样（背面）

四、承兑汇票

（一）承兑汇票的概念及种类

按承兑人的不同，商业汇票可分为商业承兑汇票和银行承兑汇票。远期的商业汇票，经企业或个人承兑后，称为商业承兑汇票。远期的商业汇票，经银行承兑后，称为银行承兑汇票。银行承兑后成为该汇票的主债务人，所以银行承兑汇票是一种银行信用。

（二）商业承兑汇票与银行承兑汇票的定义及特点

1. 商业承兑汇票

商业承兑汇票是指由收款人签发，经付款人承兑，或由付款人签发并承兑的票据。商业承兑汇票按双方约定签发。由收款人签发的商业承兑汇票应交付款人承兑，由付款人签发的商业承兑汇票应经本人承兑。付款人须在商业承兑汇票正面签署"承兑"后，将商业承兑汇票交给收款人。在实务中，一般以由付款人签发的商业承兑汇票居多。

在商业承兑汇票中，汇票上的当事人有：①出票人，是交易中的收款人，即卖方，或者交易中的付款人，即买方；②承兑人，出票人如是卖方（收款人），承兑人为买方（付款人），出票人如是买方，本人为承兑人；③付款人，是买方的开户银行；④受款人，是交易中的收款人，即卖方。

2. 银行承兑汇票

它是由收款人或承兑申请人签发、并由承兑申请人向开户银行申请，经银行审查同意承兑的票据。

在银行承兑汇票中，汇票上的当事人有：①出票人，是承兑申请人；②付款人和承兑人，是承兑银行，即承兑申请人的开户银行；③受款人，是与出票人签订购销合同的收款人，即卖方。

（三）承兑汇票的票据行为

承兑汇票是汇票的一种，即商业汇票。承兑汇票与银行汇票的不同在于，银行汇票的出票人为银行，银行汇票为即付票据；承兑汇票的出票人为企业或个人，承兑汇票需要经过承兑后，才能付款，未经承兑，不能提示付款。所以承兑汇票的票据行为需要经过以下几个步骤：出票、承兑、付款。如果需要转让票据的，还须经过背书。其出票、背书、付款行为均与银行汇票相同，只是在付款前，须经付款人承兑。下面重点介绍汇票的承兑。

承兑是指汇票付款人在持票人向其提示远期汇票时，在汇票上签名，承诺于汇票到期日支付汇票金额的票据行为。承兑的程序主要包括提示承兑和承兑成立两个方面。

1. 承兑提示

承兑提示是指持票人向付款人出示汇票，并要求付款人承诺付款的行为。定日付款或者出票后定期付款的汇票，持票人应当在汇票到期日前向付款人提示承兑；见票后定期付款的汇票，持票人应当自出票日起1个月内向付款人提示承兑；见票即付的汇票无须提示承兑。

2. 承兑成立

1）承兑时间。持票人向付款人提示承兑后，付款人应立即决定是否承兑。《票据法》规定："付款人对向其提示承兑的汇票，应当自收到提示承兑的汇票之日起3日内承兑或拒绝承兑。”一般来说，如果付款人在 3 日内不作承兑与否表示的，则应视为拒绝承兑，持票人可以请示其出具拒绝承兑说明。

2）承兑的格式。付款人承兑汇票的，应当在汇票正面记载“承兑”字样和承兑日期并签章，“承兑”字样和签章二者缺一不可，否则承兑行为无效。但承兑日期为相对应记载事项，若未记载承兑日期，则以汇票提示承兑的第 3 天作为承兑日期。见票后定期付款的汇票，应当在承兑时记载付款日期，如果未记载付款日期，收款人或持票人的付款请求权就无法得以行使。

3）接受承兑。接受承兑是指持票人向付款人提示承兑时，付款人需要向持票人办理的收取汇票的手续。付款人收到持票人提示承兑的汇票，应当向持票人签发收到汇票的回单，回单上应当记明汇票提示承兑日期并签章。这一手续办理完毕，意味着接受承兑。接受承兑的具体做法是付款人在汇票正面写明“承兑”字样，注明承兑日期，于签章后交还持票人。付款人一旦对汇票作承兑，即成为承兑人，以主债务人的地位承担汇票到期时付款的法律责任。

商业承兑汇票票样如图 5-15 所示。

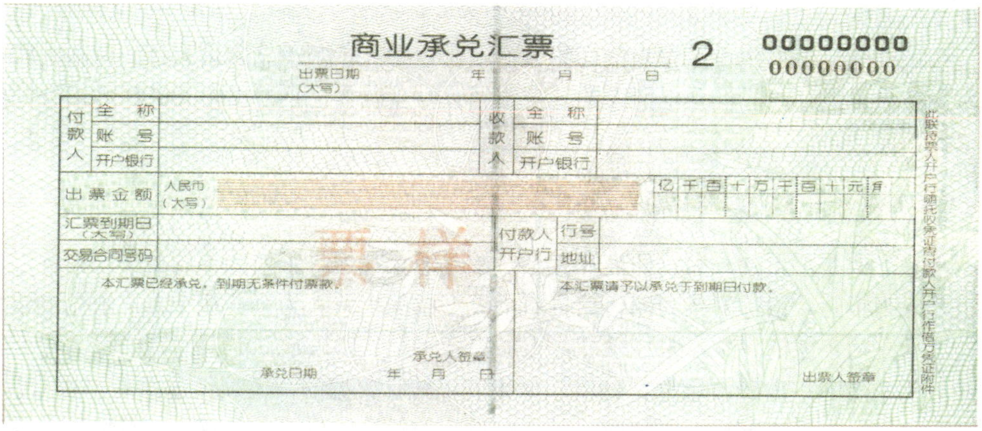
商业承兑汇票 2
00000000
00000000
出票日期（大写） 年 月 日
付款人 全称 / 账号 / 开户银行
收款人 全称 / 账号 / 开户银行
出票金额 人民币（大写） 亿 千 百 十 万 千 百 十 元 角 分
汇票到期日（大写）
付款人开户行 行号 / 地址
交易合同号码
票样
本汇票已经承兑，到期无条件付票款。
承兑人签章
承兑日期 年 月 日
本汇票请予以承兑于到期日付款。
出票人签章
此联持票人开户行随托收凭证寄付款人开户行作借方凭证附件

图 5-15 商业承兑汇票票样

收款人签发的商业承兑汇票如图 5-16 和图 5-17 所示。

商业承兑汇票 1

签发日期　年　月　日

汇票号码
第　号

收款人	全　称		付款人	全　称	
	账　号			账　号	
	开户银行	行号		开户银行	行号

此联承兑人（付款人）留存

汇票金额	人民币（大写）	千 百 十 万 千 百 十 元 角 分

汇票到期日	年　月　日	交易合同号码

本汇票请你单位承兑，并及时将承兑汇票寄交我单位。此致
承兑人

收款人盖章
负责　　经办

备注：

10×17.5厘米（白纸黑油墨）

图 5-16　收款人签发的商业承兑汇票（正面）

商业承兑汇票 2 背面

注　意　事　项

一、付款人于汇票到期日前须将票款足额交存开户银行，如账户存款余额不足时，银行比照空头支票处以罚款。

二、本汇票经背书可以转让。

被背书人	被背书人	被背书人
背书	背书	背书
日期　年　月　日	日期　年　月　日	日期　年　月　日

图 5-17　收款人签发的商业承兑汇票（背面）

付款人签发的商业承兑汇票如图 5-18 和图 5-19 所示。

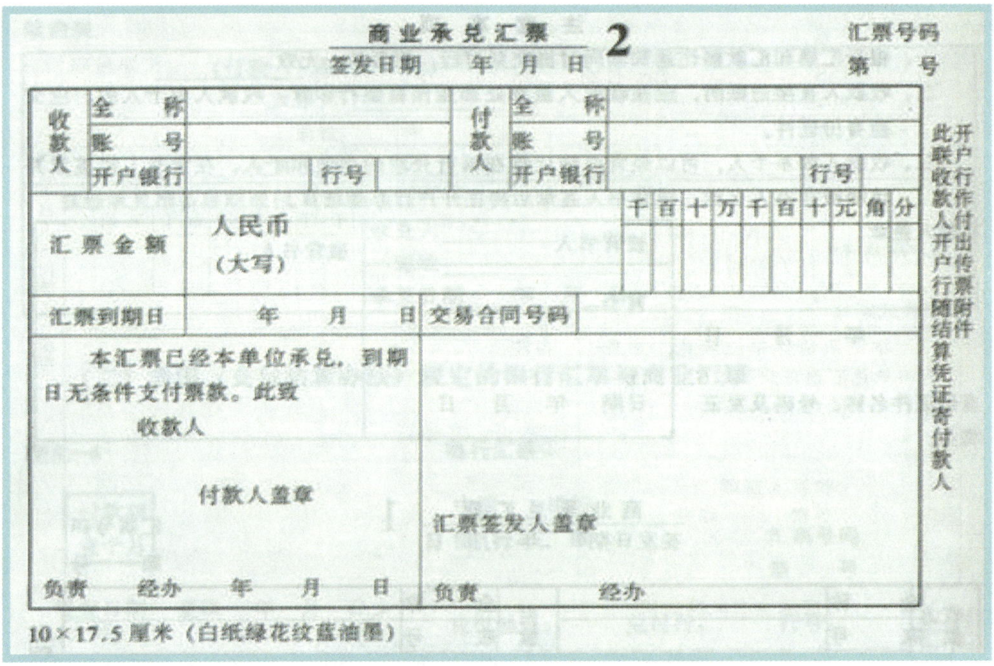

图 5-18　付款人签发的商业承兑汇票（正面）

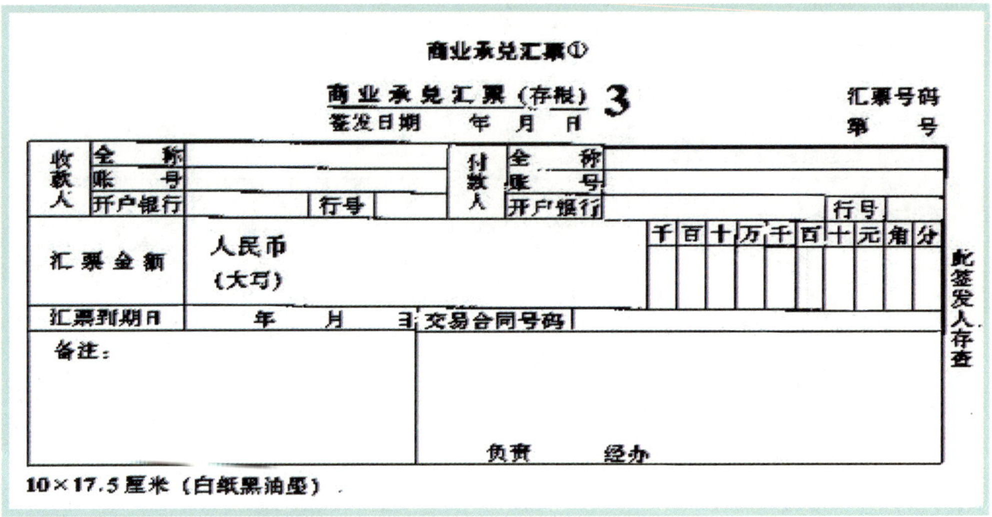

图 5-19　付款人签发的商业承兑汇票（背面）

银行承兑汇票票样如图 5-20 所示。

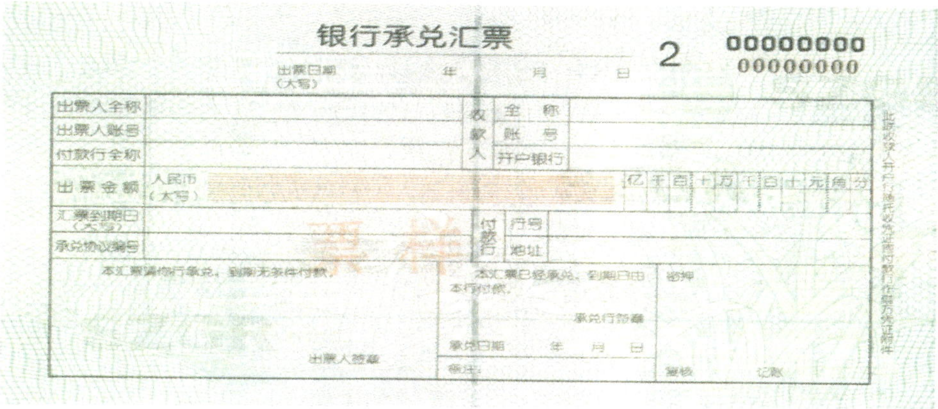

银行承兑汇票 2 00000000 00000000

出票日期（大写） 年 月 日

出票人全称		收款人	全称	
出票人账号			账号	
付款行全称			开户银行	
出票金额	人民币（大写）		亿千百十万千百十元角分	
汇票到期日（大写）		付款行	行号	
承兑协议编号			地址	

本汇票请你行承兑，到期无条件付款。 出票人签章

本汇票已经承兑，到期日由本行付款。 承兑行签章 承兑日期 年 月 日 备注：

密押 复核 记账

此联收款人开户行随托收凭证寄付款行作借方凭证附件

票样

图 5-20 银行承兑汇票票样

五、汇票与本票、支票的联系与区别

1. 联系

（1）具有同一性质

1）都是设权有价证券，即票据持票人凭票据上所记载的权利内容，来证明其票据权利以取得财产。

2）都是格式证券。票据的格式都是由票据法严格规定，不遵守格式对票据的效力有一定的影响。

3）都是文字证券。票据权利的内容以及票据有关的一切事项都以票据上记载的文字为准，不受票据上文字以外事项的影响。

4）都是可以流通转让的证券。一般债务契约的债权，如果要进行转让时，必须征得债务人的同意。而作为流通证券的票据，可以经过背书或不作背书仅交付票据的简易程序而自由转让与流通。

（2）具有相同的票据功能

1）汇兑功能。票据的这一功能，可以解决两地之间现金支付在空间上的障碍。

2）信用功能。票据的使用可以解决现金支付在时间上的障碍。票据本身不是商品，它是建立在信用基础上的书面支付凭证。

3）支付功能。票据的使用可以解决现金支付在手续上的麻烦。票据通过背书可作为多次转让，在市场上成为一种流通、支付工具，减少现金的使用。而且由于票据交换制度的发展，票据可以通过票据交换中心集中清算，简化结算手续，加速资金周转，提高社会资金使用效益。

2. 不同

1）本票是自付证券；汇票是委托（委托他人付款）证券；支票是委托支付证券，但受托人只限于银行或其他法定金融机构。

2）我国的票据在使用区域上有区别。本票只用于同城范围的商品交易和劳务供应以及其他款项的结算；支票可用于同城或票据交换地区；汇票在同城和异地都可以使用。

3）付款期限不同。本票最长付款期为 2 个月，逾期兑付银行不予受理；商业汇票必须承兑，因此，承兑到期，持票人方能兑付，自出票日起 1 个月内提示承兑，持票人没有要求兑付的，承兑失效。支票付款期为 10 天。

4）汇票和支票有三个基本当事人，即出票人、付款人、收款人；而本票只有出票人（付款人和出票人为同一个人）和收款人两个基本当事人。

5）支票的出票人与付款人之间必须先有资金关系，才能签发支票；汇票的出票人与付款人之间不必先有资金关系；本票的出票人与付款人为同一个人，不存在所谓的资金关系。

6）支票和本票的主债务人是出票人，而汇票的主债务人，在承兑前是出票人，在承兑后是承兑人。

7）支票、本票持有人只对出票人有追索权，而汇票持有人在票据的有效期内，对出票人、背书人、承兑人都有追索权。

第二节 常用的结算方式

一、汇兑

（一）汇兑概述

汇兑是汇款人委托银行将其款项支付给收款人的结算方式。这种方式便于汇款人向异地的收款人主动付款，适用范围十分广泛，单位和个人的各种款项的结算，均可使用汇兑结算方式。汇兑分为信汇、电汇两种。电汇速度快但费用较高；信汇速度较慢但费用较低。汇款人可根据汇款的金额大小和使用款项的缓急程度来选择使用。

（二）汇兑凭证的格式

签发汇兑凭证必须记载下列事项：

1）标明"信汇"或"电汇"的字样。
2）无条件支付的委托。
3）确定的金额。
4）收款人名称。
5）汇款人名称。
6）汇入地点、汇入行名称。
7）汇出地点、汇出行名称。
8）委托日期。
9）汇款人签章。
汇兑凭证上欠缺上列记载事项之一的，银行不予受理。
汇兑凭证记载的汇款人名称、收款人名称，其在银行开立存款账户的，必须记载其账号。欠缺记载的，银行不予受理。

委托日期是指汇款人向汇出银行提交汇兑凭证的当日。

【例5-5】2011年2月20日昆明市大鹏有限责任公司向大连市海源有限公司购进原材料一批，价款合计63 864.20元，以电汇转账支付。电汇凭证如图5-21所示。

中国建设银行 电 汇 凭 证

币别：		2011年2月2日			流水号									
汇款方式	□普通		□加急											
汇款人	全称	昆明市大鹏有限责任公司		收款人	全称	大连市海源有限公司								
	账号	123456789012			账号	123456123456								
	开户行	工商银行昆明分行海源支行			开户行	工行大连市海源支行								
金额大写	（币种）人民币陆万叁仟捌佰陆拾肆元贰角正					百	十	万	千	百	十	元	角	分
							¥6	3	8	6	4	2	0	
			支付密码											
			附加住处及用途：购货款											
会计主管	授权	复核	录入											

（财务专用章）（印 王青）客户签章

第一联 银行记账

图 5-21　电汇凭证

（三）汇兑的撤销与退汇

1. 汇兑的撤销

汇兑的撤销是指汇款人对汇出银行尚未汇出的款项，向汇出银行申请撤销的行为。汇款人申请撤销汇款的前提是该款项尚未从汇出银行汇出。在申请撤销时，汇款人应出具正式函件或本人身份证及原信、电汇回单；汇出行只有在查明确未汇出款项，并收回原信、电汇回单时，方可办理撤销手续。但转汇银行不能受理汇款人或汇出银行对汇款的撤销。

2. 汇兑的退汇

汇兑的退汇是指汇款人对汇出银行已经汇出的款项申请退回汇款的行为。汇款人申请退汇必须是该汇款已经从汇出银行汇出。对在汇入银行开立存款账户的收款人，由汇款人与收款人自行联系退汇，如果汇款人与收款人不能达成一致退汇的意见，不能办理退汇。对于未在汇入银行开立存款账户的收款人，由汇出银行凭据通知汇入银行办理退汇，但转汇银行不得受理退汇。汇入银行对于向收款人发出取款通知，经过2个月无法交付的汇款，应主动办理退汇。

二、委托收款

（一）委托收款概述

委托收款是收款人委托银行向付款人收取款项的结算方式。委托收款便于收款人主动收款，适用范围十分广泛。无论是同城还是异地都可以使用，既适用于在银行开立账户的单位和个体经济户各种款项的结算，也适用于水电、邮电、电话等款项的结算。单位和个人凭已承兑的商业汇票、债券、存单等付款人债务证明办理款项的结算，均可使用委托收款结算方式。

（二）委托收款凭证的格式

当事人签发委托收款凭证时必须记载下列事项。

1）标明"委托收款"的字样。
2）确定的金额。
3）付款人名称。
4）收款人名称。
5）委托收款凭据的名称及附寄单证张数。
6）委托日期。
7）收款人签章。

凡欠缺以上记载事项之一的，银行不予受理。此外，如果委托收款以银行以外的单位为付款人的，委托收款凭证必须记载付款人开户银行名称；以银行以外的单位或在银行开立存款账户的个人为收款人的，委托收款凭证必须记载收款人开户银行名称；以未在银行开立存款账户的个人为收款人的，委托收款凭证必须记载被委托银行名称。欠缺上述记载的，银行不予受理。

【例5-6】2011年2月25日昆明市大鹏有限责任公司委托开户银行向重庆××公司收取销货款人民币53 200元，向银行提供银行承兑汇票一张，如图5-22所示。

委电		委托收款凭证 凭证（XX凭证）														
		委托日期：2011年2月25日														
付款人	全称	重庆 XX 公司	收款人	全称	昆明市大鹏有限责任公司											
	账号或地址	0000000000		账号	123456789012											
	开户银行	工行重庆分行 XX 支行		开户银行	工行昆明市分行海源支行					行号			000			
委收金额	人民币（大写）	伍万叁仟贰佰元正			千	百	十	万	千	百	十	元	角	分		
							￥	5	3	2	0	0	0	0		
款项内容	销货款		委托收款凭据名称	银行承兑汇票		附寄送单证张数		壹张								
备注																
					复核			记账								

图 5-22　委托收款凭证

（三）委托收款结算方式的办理程序

1. 委托

委托是指收款人向银行提交委托收款凭证和有关债务证明并办理委托收款手续的行为。委托收款凭证即按规定填写的凭证；有关债务证明是指能够证明付款人到期并应向收款人支付一定款项的证明，如电费单、电话费单等。

2. 付款

付款是指银行在接到寄来的委托收款凭证及债务证明，并经审查无误后向收款人办理付款的行为。如果付款人为银行，银行应在收到相关凭证当日将款项支付给收款人。如果付款人为单位，付款人应于接到通知的当日书面通知银行付款，如果付款人未在接到通知日的次日起3日内通知银行付款的，视同付款人同意付款，银行应于付款人接到通知日的次日起第4日上午开始营业时，将款项划给收款人。

（四）付款人拒绝付款

付款人在审查有关债务证明后，对收款人委托收取的款项需要拒绝付款的，可以办理拒绝付款。

1）以银行为付款人的，应自收到委托收款及债务证明的次日起3日内出具拒绝证明，连同有关债务证明、凭证寄给被委托银行，转交收款人。

2）以单位为付款人的，应在付款人接到通知日的次日起3日内出具拒绝证明，持有关债务证明的，应将其送交开户银行。银行将拒绝证明、债务证明和有关凭证一并寄给被委托银行，转交收款人。

三、托收承付

（一）托收承付概述

托收承付结算是指根据购销合同由收款人发货后委托银行向异地购货单位（付款人）收取款项，购货单位根据合同对单或对货进行验收后，向银行承认付款的一种结算方式。托收承付结算款项的划回方法，分邮寄和电报两种，由收款人选用。

托收承付结算每笔的金额起点为1万元。新华书店系统每笔的金额起点为1 000元。

（二）托收承付的适用范围和条件

1. 托收承付结算方式适用的范围

办理托收承付时，应满足以下两项规定：①使用托收承付结算方式的收款单位和付款单位，必须是国有企业、供销合作社以及经营管理较好，并经开户银行审查同意的城乡集体所有制工业企业。②办理托收承付结算的款项，必须是商品交易以及因商品交易而产生的劳务供应的款项。代销、寄销、赊销商品的款项，不得办理托收承付结算。

2. 托收承付应具备的条件

办理托收承付时，必须具备以下三个前提条件：①收付双方使用托收承付结算必须签有符合《合同法》的购销合同，并在合同上订明使用异地托收承付结算方式。②收付双方办理托收承付结算，必须重合同、守信用。收款人对同一付款人发货托收累计 3 次收不回货款的，收款人开户银行应暂停收款人向该付款人办理托收；付款人累计 3 次提出无理拒付的，付款人开户银行应暂停其向外办理托收。③收款人办理托收，必须具有商品确已发运的证件（包括铁路、航运、公路等运输部门签发运单、运单副本和邮局包裹回执）。

（三）托收承付凭证的格式

签发托收承付凭证必须记载下列事项。

1）标明“托收承付”的字样。

2）确定的金额。

3）付款人名称、账号及开户银行名称。

4）收款人名称、账号及开户银行名称。

5）托收附寄单证张数或册数。

6）合同名称、号码。

7）委托日期。

8）收款人签章。

托收承付凭证上欠缺记载上列事项之一的，银行不予受理。

【例 5-7】广东天创科技股份有限公司委托银行向深圳市福田大兴百货公司收取货款共计 59 000 元。托收凭证如图 5-23 所示。

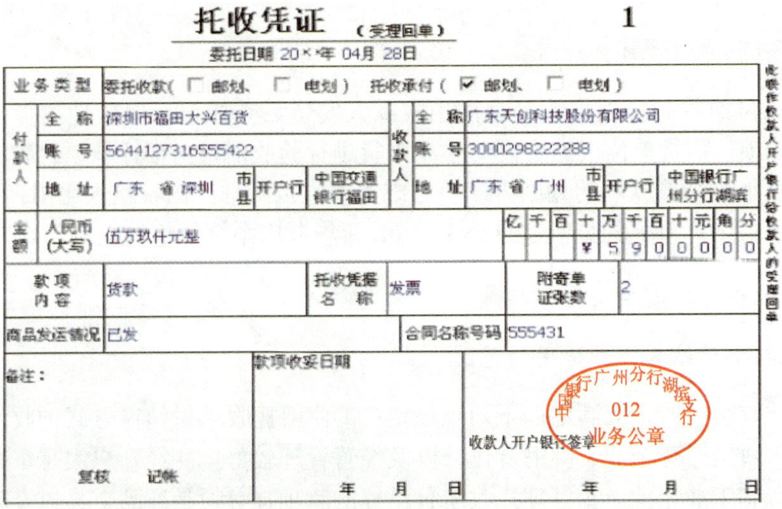

托收凭证（受理回单） 1

委托日期 20××年 04月 28日

业务类型	委托收款（□邮划、□电划） 托收承付（☑邮划、□电划）				
付款人 全称	深圳市福田大兴百货		收款人 全称	广东天创科技股份有限公司	
付款人 账号	5644127316555422		收款人 账号	3000298222288	
付款人 地址	广东省深圳市县	开户行：中国交通银行福田	收款人 地址	广东省广州市县	开户行：中国银行广州分行湖滨
金额 人民币（大写）	伍万玖仟元整		亿千百十万千百十元角分	¥5900000	
款项内容	货款	托收凭据名称	发票	附寄单证张数	2
商品发运情况	已发		合同名称号码	555431	
备注： 复核 记账	款项收妥日期 年 月 日		收款人开户银行签章 年 月 日		

图 5-23 托收凭证

（四）托收承付的办理程序

1. 托收

托收是指收款人根据购销合同发货后委托银行向付款人收取款项的行为。

1）收款人办理托收业务，应按规定填制托收凭证，盖章后附发运证件或其他符合托收承付结算的证明和交易单证送交银行（所附单证的张数应在托收凭证上注明）。收款人如需取回发运证件，银行应在托收凭证上加盖"已验发运证件"戳记。

2）收款人开户银行接到托收凭证及其附件后，应当按照托收的范围、条件和托收凭证记载的要求认真进行审查，必要时，还应查验收付款人签订的购销合同。凡不符合要求或违反购销合同发货的，不能办理。审查时间最长不得超过次日。经审查无误的，应将有关托收凭证连同交易单证，一并寄交付款人开户银行。

2. 承付

承付是指由付款人向银行承认付款的行为。付款人开户银行收到托收凭证及其附件后，应当及时通知付款人。付款人应在承付期内审查核对，安排资金。

承付货款分为验单付款和验货付款两种，由收付双方商量选用，并在合同中明确规定。

1）验单付款。验单付款的承付期为 3 天，从付款人开户银行发出承付通知的次日算起（承付期内遇法定休假日顺延）。付款人在承付期内，未向银行表示拒绝付款，银行即视作承付，并在承付期满的次日（法定休假日顺延）上午银行开始营业时，将款项主动从付款人的账户内划出，按照收款人指定的划款方式，付给收款人。

2）验货付款。验货付款的承付期为 10 天，从运输部门向付款人发出提货通知的次日算起。对收付双方在合同中明确规定，并在托收凭证上注明验货付款期限的，银行从其规定。付款人收到提货通知后，应即向银行交验提货通知。付款人在银行发出承付通知的次日起 10 天内，未收到提货通知的，应在第 10 天将货物尚未到达的情况通知银行。在第 10 天付款人没有通知银行的，银行即视做已经验货，于 10 天期满的次日上午银行开始营业时，将款项划给收款人；在第 10 天付款人通知银行货物未到，而以后收到提货通知没有及时送交银行，银行仍按 10 天期满的次日作为划款日期，并按超过的天数，计扣逾期付款赔偿金。采用验货付款的，收款人必须在托收凭证上加盖"验货付款"字样戳记。托收凭证未注明验货付款，经付款人提出合同证明是验货付款的，银行可按验货付款处理。

3）不论验单付款还是验货付款，付款人都可以在承付期内提前向银行表示承付，并通知银行提前付款，银行应立即办理划款；因商品的价格、数量或金额变动，付款人应多承付款项的，须在承付期内向银行提出书面通知，银行据以随同当次托收款项划给收款人。付款人不得在承付货款中，扣抵其他款项或以前托收的货款。

（五）托收承付的拒绝付款处理

对下列情况，付款人在承付期内，可向银行提出全部或部分拒绝付款。

1）没有签订购销合同或购销合同未订明托收承付结算方式的款项。

2）未经双方事先达成协议，收款人提前交货或因逾期交货付款人不再需要该项货物的款项。

3）未按合同规定的到货地址发货的款项。

4）代销、寄销、赊销商品的款项。

5）验单付款，发现所列货物的品种、规格、数量、价格与合同规定不符或货物已到，经查验货物与合同规定或发货清单不符的款项。

6）验货付款，经查验货物与合同规定或与发货清单不符的款项。

7）货款已经支付或计算有错误的款项。

不属于上述情况的，付款人不得向银行提出拒绝付款。

付款人对以上情况提出拒绝付款时，必须填写"拒绝付款理由书"并签章，注明拒绝付款理由，涉及合同的应引证合同上的有关条款。属于商品质量问题，需要提出商品检验部门的检验证明；属于商品数量问题，需要提出数量问题的证明及其有关数量的记录；属于外贸部门进口商品，应当提出国家商品检验或运输等部门出具的证明。

开户银行必须认真审查拒绝付款理由，查验合同。对于付款人提出拒绝付款的手续不全、依据不足、理由不符合规定和不属于上述七种拒绝付款情况的，以及超过承付期拒付和应当部分拒付提为全部拒付的，银行均不得受理，应实行强制扣款。银行同意部分或全部拒绝付款的，应在拒绝付款理由书上签注意见。部分拒绝付款，除办理部分付款外，应将拒绝付款理由书连同拒付证明和拒付商品清单邮寄收款人开户银行转交收款人。全部拒绝付款，应将拒绝付款理由书连同拒付证明和有关单证邮寄收款人开户银行转交收款人。

对于军用品的拒绝付款，银行不审查拒绝付款理由。

四、信用卡

（一）信用卡概述

信用卡是指由银行或专营机构签发，并给予持卡人一定的信用额度，持卡人可在信用额度内先消费，后还款，或者先按发卡银行的要求交存一定金额的备用金，当备用金账户余额不足支付时，可在发卡银行规定的信用额度内透支的银行卡。

信用卡分为贷记卡和准贷记卡。贷记卡是指发卡银行给予持卡人一定的信用额度，持卡人可在信用额度内先消费，后还款的信用卡。准贷记卡是指持卡人必须先按发卡银行的要求交存一定的备用金，当备用金账户余额不足支付时，可在发卡银行规定的信用额度内透支的信用卡。

（二）信用卡的适用范围

信用卡产生的结算关系一般涉及三方当事人，即银行、持卡人和商户。商户向持卡人提供商品或服务的商业信用，然后向持卡人的发卡行收回货款或费用，再由发卡行或代办行向持卡人办理结算。只要装有 POS 机的地方，均可使用信用卡进行刷卡消费。

贷记卡也可用于支取现金，在发卡银行规定的取现额度内，可在 ATM 机或柜台提取现金，每卡每日取现不得超过 2000 元人民币，并按规定收取提现手续费，以及按日计算提现利息。贷记卡持卡人支取现金、准贷记卡透支，不享受免息还款期和最低还款额待遇。

（三）信用卡的申领与使用

根据领用人和使用情况的不同，单位和个人可以申办单位卡或个人卡。银行在向持卡人发放信用卡之前，应当对信用卡申请人的资信状况进行审查，包括其收入情况、资产情况、社会对其资信的认同等，审查符合条件后，可以确定授予其相应的信用额度，并要求持卡人采用相应的提保方式提供有效的担保。

1. 单位卡

单位卡的申领人为单位。申领单位卡的单位，必须在中国境内金融机构开立基本存款账户，并按规定填制申请表，连同有关资料一并送交发卡银行。该单位符合条件并按银行要求交存一定金额的备用金以后，银行为申领人开立信用卡存款账户，并发给信用卡。单位卡可以申领若干张，持卡人资格由申领单位法定代表人或其委托的代理人书面指定和注销。

在单位卡的使用过程中，其账户的资金一律从其基本存款账户转账存入，不得交存现金，不得将销货收入的款项存入其账户。单位卡的持卡人不得用于 10 万元以上的商品交易、劳务供应款项的结算，并一律不得支取现金。如果需要向其账户续存资金的，单位卡的持卡人必须按前述转账方式转账存入。

2. 个人卡

个人卡的申领人为具有完全民事行事能力的公民。个人卡的主卡持卡人可为其配偶及年满 18 周岁的亲属申领附属卡，申领的附属卡最多不超过两张，也有权要求注销其附属卡。申领人应按规定填制申请表，连同有关资料一并送交发卡银行。申领人经审查合格后，银行可为申领人发放个人信用卡。

个人卡在使用过程中仅限于合法持卡人使用，不得转借或出租。个人卡的持卡人可以在银行支取现金，也可凭密码在 POS 机上刷卡消费。持卡人需要向其账户续存资金时，只限于其持有的现金存入、工资性款项、劳务报酬等收入转账存入。

贷记卡持卡人进行非取现交易时可享受一定的优惠条件：①可享受最长为 60 天的免息还款期待遇。②可享受最低还款额待遇。但是持卡人选择最低还款额方式还款时，未偿还部分不再享受免息还款期待遇，而应当支付自银行记账日起，按规定利率计算透支利息。一般情况下应按未还部分的 5%收取滞纳金，贷记卡透支按月计收复利，准贷记卡透支按月计收单利，透支利率为日利率 0.05%，并根据中国人民银行的此项利率调整而调整。

（四）信用卡在消费中的结算程序

持卡人持信用卡消费时，应按以下程序进行。

1. 持卡人将信用卡和身份证件一并交特约单位

特约单位不得拒绝受理持卡人合法持有的、签约银行发行的有效信用卡，不得因持卡人使用信用卡而向其收取附加费用。

2. 特约单位应审查信用卡

特约单位受理信用卡时，应审查下列事项。

1）确为本单位可受理的信用卡。

2）信用卡在有效期内，并未被发卡银行停用。

3）签名条上没有"样卡"或"专用卡"等非正常签名的字样。

4）信用卡无打孔、剪角、毁坏或涂改的痕迹。

5）持卡人身份证或卡片的照片与持卡人相符，但使用智能卡、照片卡或持卡人凭密码在销售点终端上消费、购物可免验身份证。

6）卡片正面的拼音姓名与卡片背面的签名和身份证件上的姓名一致。

3. 办理结算手续

特约单位受理信用卡审查无误的，在签购单上压卡，填写实际结算金额、用途、持卡人身份证件号码，特约单位名称和编号。如超过支付限额的，应向发卡银行索取并填写授权号码，交持卡人签名确认，同时核对其签名与卡片背面签名是否一致。经审查无误后，对同意按经办人填写的金额和用途付款的，由持卡人在签购单上签名确认并将信用卡、身份证件和第一联签购单交还给持卡人。特约单位在每日营业终了，应将当日受理的信用卡签购单汇总，计算手续费和净计金额，并填写汇计单和进账单，连同签购单一并送交收单银行办理进账。收单银行接到特约单位送交的各种单据，经审查无误后，为特约单位办理进账。

特约单位审查发现银行卡有问题时，应及时与签约银行联系，征求处理意见。对止付的银行卡，应收回并交还发卡银行。

（五）信用卡的风险控制及透支规定

根据《支付结算办法》的规定，信用卡的持卡人在信用卡账户内资金不足以支付款项时，可以在规定的限额内透支，并在规定期限内将透支款项偿还给发卡银行。但是，如果持卡人进行恶意透支的，即超过规定限额或规定期限，并经发卡银行催收无效的，持卡人必须承担相应的法律责任。

1）发卡银行应当建立有关的内部风险控制制度，建立授权审批制度，明确对不同级别内部工作人员的授权和授权限制，对信用卡申领人实行严格审批；建立对止付名单的管理制度，及时接收和发送止付名单。

2）同一持卡人单笔透支发生额个人卡不得超过 2 万元（含等值外币）、单位卡不得超过 5 万元（含等值外币）。

3）同一账户月透支额个人卡不得超过 5 万元（含等值外币），单位卡不得超过发卡银行对该单位综合授信额度的 3%。无综合授信额度可参照的单位，其月透支额不得超过 10 万元。

4）外币卡的透支额度不得超过持卡人保证金（含储蓄存单质押金额）的 80%。

5）准贷记卡的透支期限最长为 60 天。贷记卡的首月最低还款额不得低于其当月透支余额的 10%。

（六）信用卡的挂失与销户

1．信用卡的挂失

信用卡丢失后，持卡人应立即持本人身份证件或其他有效证明，并按规定提供有关情况，向发卡银行或代办银行申请挂失。发卡银行或代办银行审核后办理挂失手续。如果持卡人不及时办理挂失手续而造成损失的，则应自行承担该损失；如果持卡人办理了挂失手续而因发卡银行或代办银行的原因给持卡人造成损失的，则应由发卡银行或代办银行承担该损失。

2．信用卡的销户

持卡人不需要继续使用信用卡的，应持信用卡主动到发卡银行办理销户。持卡人办理销户时，如果账户内还有余额，属单位卡的，则应将该账户内的余额转入其基本存款账户，不得提取现金；属个人卡的，该账户可以转账结清，也可以提取现金。

持卡人透支之后，只有在还清透支本息后，并符合下列情况的，方可以办理销户：

1）信用卡有效期满 45 天后，持卡人不更换新卡的。

2）信用卡挂失满 45 天后，没有附属卡，也不更换新卡的。

3）信用卡被列入止付名单，发卡银行已收回其信用卡 45 天的。

4）持卡人死亡，发卡银行已收回其信用卡 45 天的。

5）持卡人要求销户或担保人撤销担保，并已交回全部信用卡 45 天的。

6）信用卡账户两年以上未发生交易的。

7）持卡人违反其他规定，发卡银行认为应该取消资格的。发卡银行办理销户，应当收回信用卡。有效信用卡无法收回的，应当将其止付。

练 习 题

一、单项选择题

1．支票的提示付款期为（　　）天。

　　A. 5　　　　B. 8　　　　C. 10　　　　D. 30

2. 某公司银行存款余额为 5 000 元，其向 A 公司开出一张金额为 18 000 元的转账支票，用于购买原材料，基于这种情况，中国人民银行可对其处以（　　）元的罚款。

  A．900   B．650   C．1 200   D．1 000

3. 某公司签发支票时未记载付款地，那么付款地应为（　　）。

  A．某公司的营业地   B．某公司法定代表人的住所所在地

  C．某公司开户银行的营业地 D．某公司开户银行的总行所在地

4. 银行本票的付款人为（　　）。

  A．任何银行 B．背书人   C．出票银行 D．购销商品的企业

5. 汇兑结算方式适用于（　　）之间的各种款项结算。

  A．同城   B．异地

  C．同城．异地均可   D．企业自主在同城异地中选择一种

6. 托收承付的结算起点为（　　）元。

  A．5 000   B．10 000   C．2 000   D．15 000

二、多项选择题

1. 支票的绝对应记载事项有（　　）。

  A．标明"支票"字样   B．出票日期

  C．确定的金额   D．出票人签章

2. 下列关于汇票的说法正确的有（　　）。

  A．签发汇票时必须填写确定的金额

  B．签发汇票时可附加汇票支付条件

  C．汇票背书转让时，背书必须连续

  D．可将汇票金额背书转让给两个或两个以上被背书人

3. 不能办理退汇的情况有（　　）。

  A．尚未汇出的款项

  B．汇款人与收款人不能达成一致退汇意见的已汇出款项

  C．经过 2 个月无法交付的汇款

  D．转汇银行

4. 下列经济业务可选用委托收款方式结算的有（　　）。

  A．同城发生的水电费结算

  B．异地发生的水电费结算

  C．个人的电话费结算

  D．单位和个人凭债券．存单等付款人债务证明办理款项的结算

5. 下列可使用托收承付方式结算的有（　　）。

  A．国有企业间的商品购销业务

  B．国有企业与供销合作社之间的代销商品业务

  C．供销合作社间的商品购销业务

D. 国有企业与一般商贸企业之间的商品购销业务

6. 托收承付方式结算下，付款人可拒绝付款的情况有（　　　）。

　　A. 没有签订购销合同的款项

　　B. 验单付款，经查验货物与合同规定或发货清单不符的款项

　　C. 购销合同未订明托收承付结算方式的款项

　　D. 代销、寄销、赊销商品的款项

7. 可办理信用卡销户的有（　　　）。

　　A. 信用卡有效期满 45 天后，持卡人不更换新卡的

　　B. 信用卡有效期满 30 天后，持卡人不更换新卡的

　　C. 信用卡挂失满 30 天后，没有附属卡，也不更换新卡的

　　D. 信用卡账户 2 年以上未发生交易的

三、判断题

1. 可将支票交由收款人代为签发。　　　　　　　　　　　　　　（　　）

2. 出票人签发支票时，必须填写出票日期和收款人。　　　　　　（　　）

3. 企业收到转账支票后将支票存放于保险柜内即可，无须进行其他处理。（　　）

4. 已签发的转账支票遗失时，可向银行申请挂失，银行应予以受理。　（　　）

5. 汇票实际结算金额大于汇票金额的，汇票无效。　　　　　　　（　　）

6. 所有单位间的商品购销业务均可选用托收承付方式结算。　　　（　　）

7. 单位卡可用于现金的存取业务。　　　　　　　　　　　　　　（　　）

四、简答题

1. 简述银行汇票和银行承兑汇票的联系与区别。

2. 简述票据的背书行为。

五、业务题

1. 2011 年 4 月 9 日，昆明海源有限公司收到转账支票一张，如图 5-24 所示。请结合相关资料进行相关业务的操作。

相关资料：

单位名称：昆明海源有限公司；法定代表人：张××；

开户行：建行昆明市分行××支行；账号：100×××××××；

预留印鉴章：公司财务专用章和法人代表章。

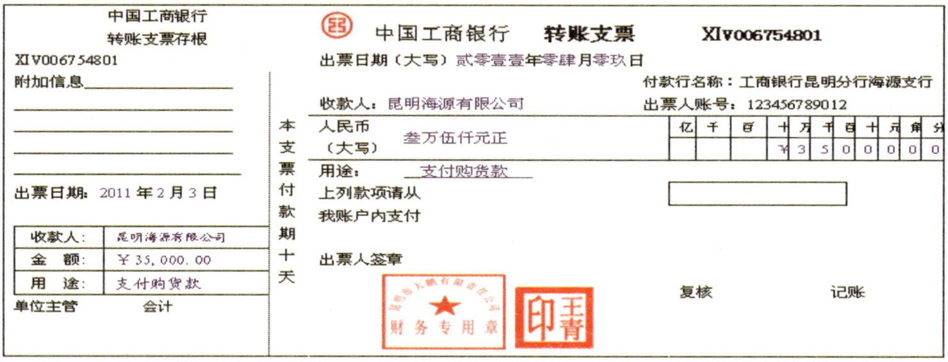

中国工商银行
转账支票存根
XI V00675 4801
附加信息

出票日期：2011 年 2 月 3 日

收款人：	昆明海源有限公司
金 额：	¥35,000.00
用 途：	支付购货款

单位主管 会计

本支票付款期十天

中国工商银行 转账支票 XIV006754801
出票日期（大写）贰零壹壹年零肆月零玖日
付款行名称：工商银行昆明分行海源支行
收款人：昆明海源有限公司 出票人账号：123456789012
人民币（大写）叁万伍仟元正

亿	千	百	十	万	千	百	十	元	角	分
			¥	3	5	0	0	0	0	0

用途：支付购货款
上列款项请从
我账户内支付
出票人签章 复核 记账
财务专用章 王青印

图 5-24 转账支票

2．2011 年 12 月 20 日昆明市大鹏有限责任公司收到银行汇票一张，如图 5-25 所示，并于当日背书转让给重庆××公司，重庆××公司于 2011 年 12 月 25 日背书转让给北京××公司。请进行相关背书业务的操作。

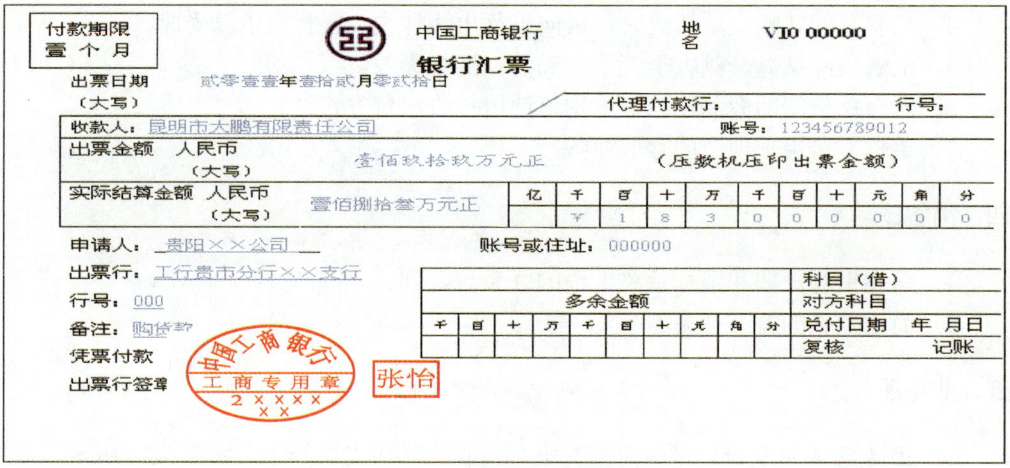

付款期限 壹个月
中国工商银行 银行汇票 地名 VI0 00000
出票日期（大写）贰零壹壹年壹拾贰月零贰拾日
代理付款行： 行号：
收款人：昆明市大鹏有限责任公司 账号：123456789012
出票金额 人民币（大写）壹佰玖拾玖万元正 （压数机压印出票金额）
实际结算金额 人民币（大写）壹佰捌拾叁万元正

亿	千	百	十	万	千	百	十	元	角	分
	¥	1	8	3	0	0	0	0	0	0

申请人：贵阳××公司 账号或住址：000000
出票行：工行贵市分行××支行
行号：000
备注：购货款
凭票付款
出票行签章

多余金额

千	百	十	万	千	百	十	元	角	分

科目（借）
对方科目
兑付日期 年 月日
复核 记账
中国工商银行 工商专用章 2×××× ×× 张怡

图 5-25 银行汇票

外币业务

6

第六章

外币是指外国的货币，即指企业编制财务报表采用记账本位币以外的货币。广义的外币是指所有以外国货币表示的、能够用以国际结算的支付凭证。汇兑损益是在各种外币业务的会计处理过程中，因采用不同的汇率而产生的会计记账本位币金额的差异。

知识目标

- 理解外币的概念，外币业务核算的内容。
- 了解汇率的种类，汇兑损益的计算方法。

能力目标

- 了解外币的概念，外币业务核算的内容。
- 理解汇率的种类，汇兑损益计算的方法。

第一节　外币核算的意义

一、外币业务的意义

功能货币是"企业从事经营活动的主要经济环境中的货币"。功能货币一经选定，企业的现金流量和经营成果应以此作为计量单位，不得随意变更。

外币交易是区别于功能货币的，以外币进行的款项收付、往来结算以及计价等的经济业务。

二、外币业务的基本概念

企业的外币业务是指以记账本位币以外的货币进行款项收付、往来结算以及计价等的业务。外币业务的主要内容包括以下几个方面。

1）买入或卖出以外币计价的商品或劳务。

2）借入或借出以外币结算的资金而形成的应付或应收款项。

3）充当尚未履行的外币业务合同的一方。

4）购置或处理外币资产，承担或解散外币债务。

三、外币的有关概念和规定

1. 外汇

外汇通常是指以外国货币表示的国际支付手段，具体包括以下几方面的内容。

1）外国货币，包括纸币和铸币。

2）外币有价证券，包括外国政府公债、外国国库券、外国公司债券、外币股票、外币息票等。

3）外币支付凭证，包括外币票据（支票、汇票和期票）、外币银行存款凭证、外币邮政储蓄凭证等。

4）其他外汇资金。

此外需要指出，黄金由于可以作为国际支付手段，执行世界货币的职能，因此许多国家也将黄金列入外汇的范畴。

2. 汇率

汇率的全称是外汇汇率，又称汇价。它是指一个国家的货币兑换为另一个国家货币的比率，是两种不同货币之间的比价。汇率的表示有直接标价法和间接标价法两种。

（1）直接标价法

直接标价法又称直接汇率，是指以一定数量的外国货币来表示可兑换多少本国货币的金额作为计价标准的汇率，如 1 美元可兑换 6.5 元人民币。

（2）间接标价法

间接标价法又称间接汇率，是指以一定数量的本国货币来表示可兑换多少外国货币的金额作为计价标准的汇率，如 1 元人民币可兑换 0.15 美元。

世界各国的外汇汇率标价方法均不一致，目前大多数国家，包括我国在内，均采用直接标价法。

3. 汇率的种类

汇率的种类有很多种，为了认识和把握汇率，可以从不同的角度对汇率进行分类。在外币交易中，根据买卖立场的不同、交割期不同、汇兑方式不同、计算方法不同、外汇管理的要求和规定不同，可分为各种不同的汇率。

（1）现行汇率与历史汇率

1）现行汇率是指外币业务发生时的汇率。

2）历史汇率是指过去某一时点的汇率。

（2）市场汇率与官定汇率

1）市场汇率是指在自由外汇市场上进行外汇买卖的实际汇率，是在自由市场上由外汇供求关系决定其涨落的汇率。

2）官定汇率是由国家机构（如中央银行或国家指定的外汇管理机构）所指定、公布的汇率。采用官定汇率，便于外汇管理和掌握汇率的动态，有计划地进行外汇交易。

（3）记账汇率与账面汇率

1）记账汇率是指发生外币业务时进行账务处理所采用的汇率。

2）账面汇率是指以往发生的外币业务登记入账时所采用的汇率，即过去的记账汇率。

（4）即期汇率与远期汇率

1）即期汇率称现汇汇率，是外币买卖双方成交后立即交割时所使用的汇率。

2）远期汇率是外币买卖双方成交后约定在以后的一个期限内交割时所使用的约定汇率。

（5）买入汇率、卖出汇率与中间汇率

1）买入汇率是指银行买入外币时所使用的汇率，即银行收取外币时愿意支付的价格。

2）卖出汇率是指银行出让外币时所使用的汇率，即银行出让外币时愿意接受的价格。

3）中间汇率是指银行买入汇率与卖出汇率之间的平均汇率，即根据某日的买入汇率与卖出汇率之和计算的平均数。

目前，我国企业外币业务会计一般是以国家公布的买入汇率和卖出汇率所计算的中间汇率作为入账依据。

第二节　汇兑损益

一、汇兑损益的概念

汇兑损益也称汇兑差额，是指企业在发生外币交易、兑换业务和期末账户调整及外币报表换算时，由于采用不同货币，或同一货币不同比价的汇率核算时产生的、按记账本位币折算的差额。简单地讲，汇兑损益是在各种外币业务的会计处理过程中，因采用不同的汇率而产生的会计记账本位币金额的差异。

二、汇兑损益的种类

汇兑损益根据其产生的业务来源划分，一般可划分为以下四种经常性的汇兑损益。

1）交易外币汇兑损益。在发生以外币计价的交易业务时，因收回或偿付债权、债务而产生的汇兑损益，称为"交易外币汇兑损益"。

2）兑换外币汇兑损益。它是指发生外币与记账本位币货币，或一种外币与另一种外币进行兑换时产生的汇兑损益。

3）调整外币汇兑损益。它是指在现行汇率制度下，会计期末应将外币货币资金、外币债权债务和外币性长、短期投资等账户，按期末市场汇率进行调整而产生的汇兑损益。

4）换算外币汇兑损益。它是指在会计期末，为了编制合并会计报表或重新表述会计记录和会计报表金额，将一种外币计量单位表示的金额转化为记账本位币计量单位表示的金额换算过程中产生的汇兑损益。

三、汇兑损益的处理要求

不同性质的汇兑损益，应当计入不同的会计报表，影响财务报表上的不同内容。

1）对于交易损益来说，由于它是随着外币业务的产生而产生的，而外币业务又通常对应着一定的货币兑换行为，所以交易损益会真正发生，即交易损益的产生会最终影响企业的现金流入流出量。因此，交易损益应当计入企业的损益表，影响企业的应税收益。

2）对于换算损益来说，它只是换算外币财务报表的过程中，由于使用的汇率不一致而产生的一个差额数字，它是永远不会真正产生的，即换算损益的产生不会直接影响企业的现金流入、流出量。因此，换算损益不应当计入公司的损益表而对企业的应税收益产生影响，它应当在资产负债表的"股东权益"项目下，单独列示"换算损益"进行反映。

从处理的时间来看，可以分为两种方法：一种是把汇兑损益计入当期会计报表，进行立即认定，一种是根据各种不同的规则进行递延处理。

对于已完成的交易产生的汇兑损益，应当计入当期的损益表，影响当期的损益；而对于未完成的交易产生的汇兑损益，则应递延其发生，即递延至交易实际清算时，再列入损益表。

总之，对于交易损益而言，只有当其实际发生时，才会对企业的应税收益产生影响，应当计入损益表。此外，某些与取得长期资产或产生长期负债有关的汇兑损益，如果数额较大，则应当在长期资产的使用期或长期债务的有效期内进行摊销。换算损益由于不涉及不同的会计期间，所以个存在递延与否的问题。

按会计制度规定，汇兑损益按照下列原则处理。

1）企业筹建期间发生的汇兑损益计入长期待摊费用，应在开始生产经营的当月起，一次计入开始生产经营当月的损益。

2）生产经营期间发生的汇兑损失净额，计入财务费用。

3）清算期间发生的汇兑损失净额，计入清算损益。其中与购建固定资产等直接有关的汇兑损益，在所购建的资产尚未交付使用，或虽已交付使用但尚未办理竣工决算前，计入资产的购建成本，同利息处理办法一样。

第三节　外币业务的核算方法

我国《企业会计准则》规定："会计核算以人民币为记账本位币。业务收支以外币为主的企业，也可以选定某种外币作为记账本位币，但编制的会计报表应当折算为人民币。"企业在对外币业务进行会计核算时，记账方法上可以选择外币统账制或者外币分账制。

在我国，绝大部分企业采用的是外币统账制，一般情况下，只有银行、保险、证券、财务公司等金融机构采用外币分账制。我国《证券公司财务制度》第八章第七十条对于外币业务规定："外币（人民币以外的货币）业务量较大的公司应实行外币分账制，平时以外币记账，每期终了将有关外币金额折合为记账本位币金额；不实行外币分账制的公司，应随外币业务的发生将有关外币金额折合为记账本位币金额。"

一、分账制

外汇分账制也称为原币账法，是指在外汇交易发生时直接用原币记账，平时不进行汇率折算，也不反映记账本位币金额。如果涉及两种货币的交易，则用"货币兑换"账户作为两种货币账务之间的桥梁，分别与原币的有关账户对转，期末，应将所有以外币记账的各账户全部按期末市场汇率折算成记账本位币金额，并汇总确认汇兑损益。在分账制记账方法下，为保持不同币种借贷方金额合计相等，需要设置"货币兑换"账户进行核算。

所有外币交易均通过"货币兑换"账户处理，在这种方法下，会计处理的内容包括以下几个方面。

1）企业发生的外币交易同时涉及货币性项目和非货币性项目的，按相同外币金额同时记入货币性项目和"货币兑换（外币）"账户，同时，按以交易发生日即期汇率折算为记账本位币的金额，记入非货币性项目和"货币兑换（记账本位币）"账户。

2）企业发生的交易仅涉及本位币以外的一种货币反映的货币性项目，按相同币种金额入账，不需要通过"货币兑换"账户核算；如果涉及两种以上货币，按相同币种金额记入相应货币性项目和"货币兑换（外币）"账户。

3）期末，应将所有以记账本位币以外的货币反映的"货币兑换"账户余额按期末汇率折算为记账本位币金额，并与"货币兑换（记账本位币）"账户余额相比较，其差额转入"汇兑损益"账户：如为借方余额，借记"汇兑损益"账户，贷记"货币兑换（记账本位币）"账户；如为贷方余额，借记"货币兑换（记账本位币）"账户，贷记"汇兑损益"账户。

4）结算外币货币性项目产生的汇兑差额计入汇兑损益。

5）外币交易的日常核算不通过"货币兑换"账户，仅在资产负债表日结转汇兑损益时通过"货币兑换"账户处理。

采用这种方法，在外币交易发生时直接以发生的币种进行账务处理，期末，由于所有账户均需要折算为记账本位币，因此，所有以外币反映的账户余额均需要折算为记账本位币余额，其中，货币性项目以资产负债表日即期汇率折算，非货币性项目以交易日即期汇率折算。折算后，所有账户借方余额之和与所有账户余额之和的差额即为当期汇兑差额，应当计入当期损益。

二、统账制

统账制又称统一货币记账制，是以某一种货币为记账本位币，记录全部经济业务。其又分为本国货币统账制和外国货币统账制两种。在我国主要采用的是前者，即以人民币为记账单位记录所进行的外汇交易业务，将所发生的多种货币的经济业务，均折合为人民币加以记录，外币在账面上只作辅助登记。

1. 交易日的会计处理

企业发生外币交易的，应当在初始确认时采用交易日的即期汇率将外币金额折算为记账本位币金额。

2. 汇兑损益的计算方法

在资产负债表日，企业应当对货币性项目和非货币性项目进行相关资产和负债的确认，如果产生汇兑差额，应入当期损益。在业务处理时，可以单独设置"汇兑损益"账户核算发生的汇兑差额，也可以在"财务费用"账户下设二级账户进行核算。

练 习 题

1. 外币业务包括哪些内容？
2. 汇率有哪些分类？
3. 不同性质的汇兑损益应如何处理？
4. 分账制和统账制的区别是什么？

基本书写

7

第七章

财会工作中，经常涉及数字、金额的书写，《会计基础工作规范》规定了数字和金额大、小写的一般要求。

知识目标

- 阿拉伯数字的书写。
- 汉字大写数字的书写。
- 大、小写金额的书写。
- 票据、凭证、账簿的书写。

能力目标

- 掌握大、小写数字、金额的书写。
- 掌握票据、凭证及账簿的书写。

第一节　基本书写的规范

一、阿拉伯数字的书写

财会工作中，经常涉及数字的填写。出纳人员在填写单据和日记账时，为了确保填列数字的清晰性和不易被篡改，就需要特别注意阿拉伯数字的书写。阿拉伯数字在财务工作中的书写同普通书写有所不同，且已经约定俗成，形成财务数字的书写格式。其具体要求包括以下几个方面。

1）数字书写时，应使数字紧靠凭证或账表底线（6、7、9除外），字体高度占行格高度1/2（不超过2/3）栏为宜，不得写满格以便留有改错的空间。

2）应按照自左向右的顺序进行，不可逆方向书写。对于写入有金额栏的数字，各数字应自成体型，大小匀称，笔顺清晰，书写应当一个一个地写，不得连笔写，合乎手写体习惯，流畅、自然、美观。在没有印刷数字格的会计书写中，为保证清晰整齐，同一行相邻数字之间应空出半个阿拉伯数字的位置，但勿间隔太大，以免被增加数字致篡改。

3）字迹工整、清晰，排列整齐有序，有一定的倾斜度（数字与底线成60度的倾斜）并以向右下方倾斜为好。

4）在会计运算或会计工作底稿中，运用上下几行数额累计加减时，应尽可能地保证纵行累计数字的位数对应，以免产生计算错误。

5）对于容易混淆且笔顺相近的数字书写，尽可能地按标准字体书写，区分笔顺，避免混同，以防涂改，如图7-1所示。对以下数字书写时应特别注意：①"1"不能写短，且要合乎斜度要求，防止改为"4"、"6"、"7"、"9"、"0"；②"2"、"3"、"5"、"8"应各自成体，避免混同或篡改；③书写"6"字时可适当扩大其字体，使起笔上伸到数码格的1/4处，下圆要明显，以防改为"8"；④"7"、"9"两字的落笔可下伸到底线外，约占下格的1/4位置，以防"7"改为"6"或"8"，"9"改为"8"；⑤"6"、"8"、"9"、"0"都必须把圆圈笔画写顺，并一定要封口。

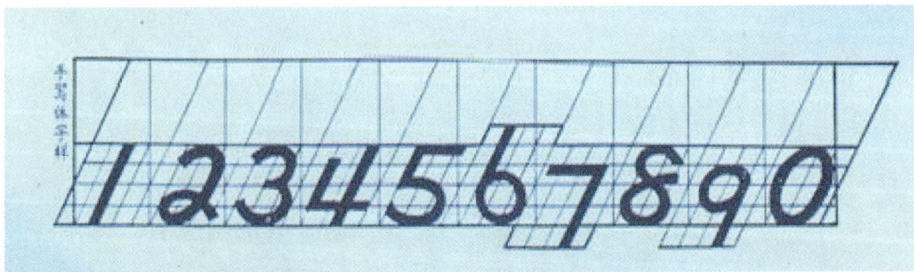

图7-1　阿拉伯数字的手写体字样

除采用电子计算机处理会计业务外，会计数字应用规范的手写体书写，不使用其他字体。只有这样，会计数字的书写才能规范、流利、清晰，符合会计工作的书写要求。

二、汉字大写数字的书写

中文大写数字笔画多，不易涂改，主要用于填写需要防止涂改的销货发票、银行结算凭证等重要的信用凭证，书写时要正确、清晰、工整、美观。如果写错，要标明凭证作废，需要重新填写。因此，出纳人员在对数字进行大写书写时需要注意以下几方面要求。

1）中文大写数字写法。对应小写数字"1、2、3、4、5、6、7、8、9、10"的中文大写为"壹、贰、叁、肆、伍、陆、柒、捌、玖、拾"和数位"拾、佰、仟、万、亿、元、角、分、零、整（正）"两个部分。不允许使用未经国务院公布的简化字或谐音字，不能用〇（另）、一、二、三、四、五、六、七、八、九、十等文字代替大写金额数字。

2）书写正确无误。对于初学者而言，特别容易在手工书写时出现错字和别字，应注意书写的准确性。中文书写不能潦草，通常采用正楷、行书两种，不得连笔写。参考字体如图7-2所示。

零	壹	贰	叁	肆	伍	陆	柒	捌	玖	拾	佰	仟	万	元	角	分	整
零	壹	贰	叁	肆	伍	陆	柒	捌	玖	拾	佰	仟	万	元	角	分	整

图 7-2　大写数字参考字体

3）具体书写时应注意以下几个方面：①大写金额由数字和数位组成。数位主要包括元、角、分、人民币和拾、佰、仟、万、亿，以及数量单位等。②大写金额前若没有印制"人民币"字样的，书写时，在大写金额前要冠以"人民币"字样。"人民币"与金额首位数字之间不得留有空格，数字之间更不能留存空格，写数字与读数字顺序要一致。③人民币以"元"为单位时，只要人民币"元"后没有金额，即无角无分，或有角无分时，应在大写金额后加上"整"字结尾；如果分位有金额，在"分"后不必写"整"字。例如，￥58.69 元，写作"人民币伍拾捌元陆角玖分"。因其分位有金额，在"分"后不必写"整"字。又如，￥58.60 元，写作"人民币伍拾捌元陆角整"。因其分位没有金额，应在大写金额后加上"整"字结尾。④如果金额数字中间有两个或两个以上"0"字时，可只写一个"零"字。如金额为 ￥800.10 元，应写作"人民币捌佰元零壹角整"。⑤表示数字为十几、十几万时，大写文字前必须有数字"壹"字，因为"拾"字代表位数，而不是数字。例如 10 元，应写作"壹拾元整"。又如 16 元，应写做"壹拾陆元整"。⑥大写数字不能乱用简化字，不能写错别字，如"零"不能用"另"代替，"角"不能用"毛"代替等。⑦中文大写数字不能用中文小写数字代替，更不能与中文小写数字混合使用。

三、大小写金额的书写

1. 小写金额的标准写法

1）填入没有位数分割线的凭证单据金额栏的标准写法：小写金额数字应紧靠货币符号之后书写，之间不留空白，以免增填数字。若前面没有印制货币符号，应当在小写金额前先书写币种符号；凡阿拉伯数字前写出币种符号的，数字后面不再写货币单位。金额是整数的，后面可写成".00"或".一"，凡角位或分位有金额的，不得用"一"代替，只能在没有金额的位数对应写"0"。例如，300元可写成"￥300.00"或"￥300.一"，但300.05元不能写成"￥300.－5"，708.2元也不能写成"￥708.2一"。对于有多位数的金额，也可以三位一节用"分位号"分开，如：￥29,657,108.54，便于识读。

2）填入有数位分割线的凭证单据金额栏的标准写法：对应金额栏由左至右顺序"千、百、十、万、千、百、十、元、角、分"固定的位数填写，不得错位。自有金额的最高位数开始，左边没有金额的位数都不能写"0"，右边没有金额的位数也要写"0"。

2. 大写金额的标准写法

1）对于填写大写金额位置印有"人民币"字样的，大写金额要紧靠"人民币"后书写，不得留有空白，如果没有印制"人民币"字样的，应加填"人民币"三字，在其后书写大写金额。

2）大写金额位数到"元"位或"角"位，应在"元"或"角"后写"整"或"正"字；大写金额位数有"分"的，"分"的后面不写"整"或"正"字。如￥25,300.00应写作"人民币贰万伍仟叁佰元整"；再如￥174.80可写作"人民币壹佰柒拾肆元捌角整"；而￥56.29应写作"人民币伍拾陆元贰角玖分"。

3）阿拉伯金额数字中有"0"的汉字大写写法：分位是"0"，角位有金额的，大写金额不写"零"。如￥9.40，大写为：人民币玖元肆角整，不能写成：人民币玖元肆角零分。角位和分位都是"0"的，大写金额不写"零"。如￥52.00，大写为：人民币伍拾贰元整。角位是"0"，分位有金额的，大写金额要写"零"。如￥52.07，大写为：人民币伍拾贰元零柒分。元位是"0"，拾位和角位有金额的，大写金额要写"零"；角位也是"0"，分位有金额的，只写一个"零"，如￥80.05，大写为：人民币捌拾元零伍分。原则上，凡金额位数之后全是"0"的，大写金额不写"零"；在两位数之间有多个"0"的，大写都只写一个"零"；对可写可不写的，按照汉字语言习惯书写。

4）小写金额数字最高是"1"的，汉字大写金额加写"壹"字，如￥17.10，汉字大写金额应写成：人民币壹拾柒元壹角整。

5）在印有大写金额"万、仟、佰、拾、元、角、分"位置的凭证单据上书写大写金额时，自有金额的最高位开始，金额前面如有空位，可划"×"注销，其后金额数字中间有几个"0"，汉字大写金额就是几个"零"字。如￥800.70汉字大写金额应写成：人民币×万×仟捌佰零拾零元柒角零分。

大小写金额书写对照表如表7-1所示。

表 7-1　大小写金额书写对照表

| 会计凭证账表的小写金额栏 | | | | | | | 原始凭证上的大写金额栏 |
| 没有数位分割线 | 有数位分割线 | | | | | | |
	万	千	百	十	元	角	分	
￥0.03							3	人民币：叁分
￥0.90						9	0	人民币：⊗万⊗仟⊗佰⊗拾⊗元玖角零分
￥4.00					4	0	0	人民币：肆元整
￥11.08				1	1	0	8	人民币：壹拾壹元零捌分
￥730.02			7	3	0	0	2	人民币：⊗万⊗仟柒佰叁拾零元零角贰分
￥4,010.90		4	0	1	0	9	0	人民币：肆仟零壹拾元玖角整
￥38,026.09	3	8	0	2	6	0	9	人民币：叁万捌仟零贰拾陆元零玖分
￥23,000.50	2	3	0	0	0	5	0	人民币：贰万叁仟零佰零拾零元伍角零分

第二节　填制单据及凭证的书写

一、填制票据的书写

银行、单位和个人填写的各种票据和结算凭证是办理支付结算和现金收付的重要依据，直接关系到支付结算的准确、及时和安全。同时也是企业登记入账的会计凭证，是记载经济业务和明确经济责任的一种书面证明。因此，填写票据和结算凭证，必须做到标准化、规范化，做到要素齐全、数字正确、字迹清晰、内容完整、书写整洁，防止涂改。

中文大写金额数字应用正楷或行书填写，包括汉字大写数字"壹、贰、叁、肆、伍、陆、柒、捌、玖、拾"和数位"拾、佰、仟、万、亿、元、角、分、零、整（正）"。不得用一、二（两）、三、四、五、六、七、八、九、十、念、毛、另（或〇）填写，不得自造简化字。如果金额数字书写中使用繁体字的，也应受理。

1）中文大写金额位数到"元"或"角"为止的，在"元"和"角"之后应写"整"（或"正"）字，大写金额数字有"分"的，"分"后面不写"整"（或"正"）字。

2）中文大写金额数字前应标明"人民币"字样，大写金额数字应紧接"人民币"字样填写，不得留有空白。大写金额数字前未印"人民币"字样的，应加填"人民币"三字。在票据和结算凭证大写金额栏内不得预印固定的"仟、佰、拾、万、仟、佰、拾、元、角、分"字样。

3）阿拉伯数字小写金额数字中有"0"时，中文大写应按照汉语语言规律、金额数字构成和防止涂改的要求进行书写。

4）阿拉伯小写金额数字前面，均应填写人民币符号"￥"。阿拉伯小写金额数字要认真填写，不得连写致使分辨不清。

5）票据的出票日期必须使用中文大写。为防止变造票据的出票日期，在填写月、日时，月为壹、贰和壹拾的，日为壹至玖和壹拾、贰拾和叁拾的，应在其前加"零"；日为拾壹至拾玖的，应在其前加"壹"。如1月17日，应写成零壹月壹拾柒日。再如10

月 20 日，应写成零壹拾月零贰拾日。

6）票据出票日期使用小写填写的，银行不予受理。大写日期未按要求规范填写的，银行可予受理，但由此造成损失的，由出票人自行承担。

二、填制凭证的书写

原始凭证按取得的来源不同，包括外来原始凭证和自制原始凭证。无论是外来原始凭证，还是自制原始凭证，都必须在每项经济业务发生和完成时直接取得或填制取得。原始凭证是企业编制会计记账凭证的依据，也是记账工作的初始环节，原始凭证的正确合法与否直接影响后续的财务工作。原始凭证的填制必须做到真实可靠、手续完备，内容完整、书写清楚，连续编号、填制及时。

1）从外单位取得的原始凭证，日期、相关内容、金额及责任人签章要完整，不能预留日期和金额，应一次填制完成。必须盖有填制单位的公章（一般盖财务专用公章），没有公章的原始凭证不能作为记账的依据。有些特殊的原始凭证，从个人处取得的原始凭证应有填制人员的签名或盖章，如收据。

2）自制原始凭证同样具有法律效力，虽不一定加盖公章，但一定要有完整的签审手续。经办人、负责人、审核人、签领人一定要签名或盖章；经办单位负责人所指定的人员的签名或盖章也视为有效。要用蓝色或黑色笔书写，字迹清楚、规范，填写支票必须使用碳素笔，属于需要套写的凭证，必须一次套写清楚，合计的小写金额前应加注币值符号，如"￥"。

3）对外开出的原始凭证，必须加盖本单位的公章或一般用财务专用章。不盖公章的原始凭证是无效凭证。

4）购买实物的原始凭证，必须有实物验收说明，如材料入库单；支付款项的原始凭证，必须有收款单位和收款人的收款证明。

5）一式几联的原始凭证，必须同时复写，并连续编号。因填写错误或其他原因而作废，应加盖"作废"戳记，整份保存，不得缺联。复印的原始凭证不能作为记账凭证的依据。

6）经过行政机关批准的经济业务，批文是不可缺少的原始凭证。年终，如果需要将批文抽出另行保管时，应当复印一份作为附件替换正式批文。

7）对重要空白原始凭证，应指定专人保管，领用时应填写领用单，注明用途、领用单位、领取人以及空白原始凭证的起讫号码。用完后，要以存根销号。

三、登记账簿的书写

为了综合反映会计当期的经济业务，会计人员应当根据审核无误的会计凭证登记会计账簿。登记会计账簿的书写要求是：

1）登记会计账簿时，应当将会计凭证日期、编号、业务内容摘要、金额和其他有关资料逐项记入账内，做到数字准确、摘要清楚、登记及时、字迹工整。

2）登记完毕后，要在记账凭证上签名或者盖章，并注明已经登账的符号，表示已经记账。

3）账簿中书写的文字和数字上面要留有适当空格，不要写满格，一般应占格距的1/2，以便进行更正处理。

4）登记账簿要用蓝黑墨水或者碳素墨水书写，不得使用圆珠笔（银行的复写账簿除外）或者铅笔书写，铅笔在账簿中只能在对账过程中标注使用，不得用以填写账簿内容。

5）下列情况，可以用红色墨水记账：①按照红字冲账的记账凭证，冲销错误记录。②在不设借贷等栏的多栏式账页中，登记减少数。③在三栏式账户的余额栏前，如未印明余额方向的，在余额栏内登记负数余额。④根据国家统一会计制度的规定可以用红字登记的其他会计记录，如对账簿进行划线结账的处理应用红色墨水笔画线。⑤账簿登记如有错误，应先用红笔画线（画一条横线，需保留错误部分清楚可见），再将正确内容填入账簿横栏上1/2处。

6）各种账簿按页次顺序连续登记，不得跳行、隔页。如果发生跳行、隔页，应当将空行、空页划线注销，或者注明"此行空白"、"此页空白"字样，并由记账人员签名或者盖章。

7）期末有余额的账户，结出余额后，应当在"借或贷"等栏内写明"借"或者"贷"等字样。没有余额的账户，应当在"借或贷"等栏内写"平"字，并在余额栏内用"0"表示。

8）每一账页登记完毕结转下页时，应当结出本页合计数及余额，写在本页最后一行和下页第一行有关栏内，并在摘要栏内注明"过次页"和"承前页"字样，以保证登记经济内容连续完整。

练 习 题

将以下小写金额填入大小写金额书写对照表（表7-2）。

| ￥0.03 | ￥0.36 | ￥5.93 | ￥48.02 |
| ￥502.89 | ￥6 085.05 | ￥12 309.80 | ￥309 006.40 |

表7-2　大小写金额书写对照表

会计凭证账表的小写金额栏								原始凭证上的大写金额栏
没有数位分割线	有数位分割线							
	万	千	百	十	元	角	分	
								人民币：
								人民币：　万　仟　佰　拾　元　角　分
								人民币：
								人民币：
								人民币：　万　仟　佰　拾　元　角　分
								人民币：
								人民币：
								人民币：　万　仟　佰　拾　元　角　分

钞币的点数和管理

8

第八章

钞币的点数和管理是出纳员的一项基础业务。认真做好这项工作具有以下两方面的重要意义：第一，使企业库存现金的管理达到规范化、标准化；第二，历练出纳员的工作责任心和能力水平。

知识目标

- 手持式点钞方法。
- 点钞机的使用。
- 钞币的扎把。
- 假人民币、残缺币和零星币的处理。
- 现金的盘点。

能力目标

- 了解点钞的基本知识。
- 熟练掌握几种实用的点钞技能，掌握钞币管理业务。
- 掌握打捆、伪币的识别及残缺币和零星币的处理等技能。
- 熟悉现金盘点的一般程序。

第一节　钞币的点数

一、点钞的基本知识

点钞技术是一项手、脑、眼并用的操作技能。常用的点钞方式有手工、机器两种。在日常收付款业务中，通常要先手工点数，鉴别真伪，再用机器复点；或者只用手工点数，鉴别真伪。

点钞是出纳员的一项必备技能，出纳人员整点钞币时，不仅要做到点数准确无误，还必须对残缺币、假币进行挑拣和处理，保证点钞的质量和速度。因此，出纳人员除应掌握钞币整点方法和鉴别知识外，还应在平时多学多练，才能提高点钞的技术水平，在工作时得心应手。

1. 点钞的基本程序

1）拆把。拆掉待点数的成把钞票的封条。

2）点数。手工点数时，手点脑记。

3）扎把。将点数准确的一百张钞票墩齐，用捆钞条扎紧。

4）打捆。将成把的钞票用捆钞机十把捆扎在一起，在打结的地方贴上封签。

5）盖章。将成捆的钞票在每把侧面捆钞条和封签上加盖经办人名章及日戳章，以明确责任。

2. 点钞的基本要求

在人民币的收付和整点中，先要把混乱不齐、折损不一的钞票进行整理，按不同的票面集中，剔除残缺币（另作保管），并成把（一百张为一把），打成捆（十把为一捆），经办盖章，入库或缴存银行。

3. 点钞的具体要求

1）备齐用品。在点钞之前，应将常用的印泥、点钞人员的名章和日戳章、沾水盒、捆钞条等放在顺手的位置，以便拿取。

2）姿势端正。正确的姿势是保证点钞技术发挥的关键。无论是坐着还是站着点数，都应当腰直而头略低，四肢肌肉放松，持票的左手离眼以能看清票面数字为宜，右手腕部稍抬起。

3）点数准快。点钞技术关键是准而快。清点和记数的准确是点钞的基本要求，快速是提高点钞效率的基本保证。因此，点数准确一要精神集中，排除干扰；二要姿势端正，适当休整；三要手、眼、脑紧密配合，记数尽量默记，不要数出声音，以免疲劳或相互干扰，另外，右手沾水（触摸沾水盒里海绵）的频率不宜太高，一般在捻钞十次左右沾一次为宜。

4）钞票墩齐。点完钞票后，整理卷角、卷边的票面，将每把第一张和最后一张的票面理顺（具体操作方法将在第二节作介绍）。

5）扎把捆紧。扎把以提起把中第一张或最后一张钞票不被抽出为准；打捆是指按"＃"字形捆扎，以用力推扭不变形为准。（具体操作方法将在第二节作介绍）

6）盖章清晰。对银行出纳员，每把捆钞条上和每捆标签的名章及日戳章，是分清责任的标志，相关参与人整点后都要盖章，图章要清晰可辨。

4. 整点纸币和清点硬币

点钞的方式大致可分为手工点钞和机器点钞两大类。对于手工点钞，按持票姿势不同，又可划分为手持式点钞法和手按式点钞法。手按式点钞法是将钞票放在桌面上操作，有单张和多张点法；手持式点钞法则是将点数的钞票持于左手，不论有无桌子，坐或站均可操作，且可用右手单指、多指捻钞，其速度远比手按式点钞方法快。因此，手持式点钞方法在日常工作中应用比较广泛，本章着重介绍手持式点钞方法。

按指法的不同，手持式点钞方法又可分为单指单张、单指多张、多指多张和扇面式点钞等四种。

手工清点硬币的方法，也是一种手工点钞法。在没有专用工具的情况下，硬币全部用手工清点；如有专用工具——硬币盘，清点起来就较为快捷。（具体操作方法将在第二节作介绍）

二、手持式点钞方法

1. 单指单张点钞技术

单指单张点钞法是点钞中最基本、最常用的一种点钞技法，使用较为广泛，适用于收付款及清点各种新旧、大小票面的钞币。这种点钞方法的优点是持票面积小，能看到较多的票面，易发现假钞票及残缺票；缺点是一次捻一张钞票，点一张记一个数，速度相对较慢。

1）拆把持票。拆把的方法有两种：①持把时左手拇指在钞券正面的左端，约在票面的四分之一处，食指和中指在钞券背面与拇指一起捏住钞券，无名指和小指自然弯曲。捏起钞券后，无名指和小指伸向票前压住钞券的左下方，中指弯曲稍用力，与无名指和小指夹住钞券；食指伸直，拇指向上移动按住钞券的侧面将钞券压成瓦形，并使左手手心向下，然后用右手脱去钞券上的捆钞条。同时右手将钞券往桌面上轻轻擦，拇指借用桌面的擦力将钞券向上翻成微形扇面。这种拆把方法不撕断捆钞条，便于保留原捆钞条查看图章。这种拆把方法通常用于初点现金。②钞券横执，正面朝内，用左手的中指和无名指夹住钞票面的左上角，拇指按住钞券上边沿处，食指伸直，中指稍用力，把钞票放在桌面上，并使左端翘起成瓦形，然后用左手食指向前伸勾断腰条纸，并抬起食指使捆钞条自然落在桌面上，左手大拇指翻起钞票，同时用力向外推使钞券成微形扇面。这种方法的特点是左右手可同时操作，拆把速度快，但捆钞条纸勾断后不能再使用。这种拆把方法通常用于复点现金。对因捆扎过紧而粘结的钞币，可在拆把后先紧握住钞币的一端，将另一端在桌边上磕碰几下，然后调过来，用同样的方法，将另一端在桌边上磕碰几下，使粘结的钞币松散开，以便点数。

2）清点。拆把后，左手持钞稍斜，正面对胸前，持钞并形成瓦形后，右手食指托住钞票背面右上角，用拇指尖逐张向下捻动钞票右上角，捻动幅度要小，不宜抬得过高。要轻捻，食指在钞票背面的右端配合拇指捻动，左手拇指按捏钞票不要过紧，要配合右手起自然助推的作用。右手的无名指将捻起的钞票向怀里弹，应当轻点快弹。如图 8-1 所示。

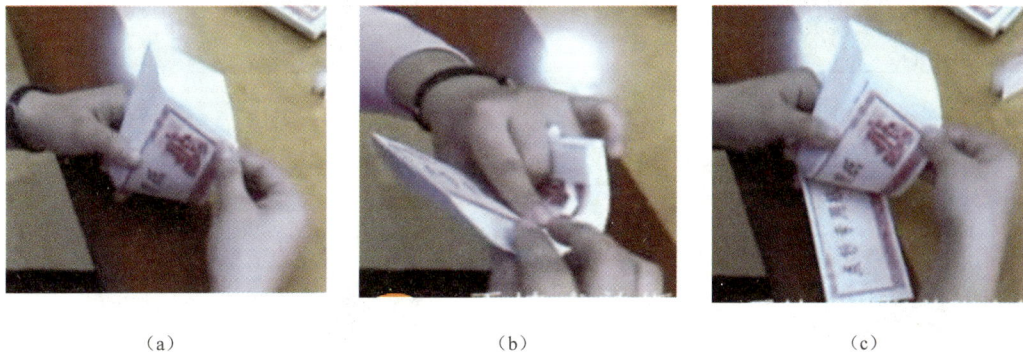

|　（a）　|　（b）　|　（c）　|

图 8-1　单指单张点钞法

3）挑假币和残缺币。在发现有假币或残缺币时，用右手中指、无名指夹住假币或残缺币将其折向外边，待点完 100 张后，再将折起假币或残缺币抽出，补上真币或完整券。

4）记数。与点钞同时进行。在点数速度快的情况下，有时会因记数迟缓而影响点钞的效率，因此记数应该采用分组记数法。把 10 作 1 记，即 1、2、3、4、5、6、7、8、9、1（即 10），1、2、3、4、5、6、7、8、9、2（即 20），以此类推，数到 1、2、3、4、5、6、7、8、9、10（即 100）。采用这种记数法记数既简单快捷，又省力好记。

2. 单指多张点钞

点钞时，一指同时点两张或两张以上的方法叫单指多张点钞法，如图 8-2 所示。它适用于收付款和各种新旧、大小票面的整点工作。其优点是点钞时记数简单省力，效率高；缺点是在一指捻几张时，因不能看到中间几张的全部票面，故不易发现假币和残缺币。这种点钞法除了记数和清点外，其他均与单指单张点钞法相同。

1）拆把持票。具体方法同单指单张。

2）清点。右手食指放在钞票背面右上角，拇指肚放在正面右上角，拇指尖超出票面，用拇指肚先捻钞。单指双张点钞法，拇指肚先捻第一张，拇指尖捻第二张。单指多张点钞法，拇指用力要均衡，捻钞的幅度不要太大，食指、中指在票后面配合捻动，拇指捻张，无名指向怀里弹。在右手拇指往下捻动的同时，左手拇指稍抬，使票面拱起，从侧边分层错开，便于看清张数，左手拇指往下拨钞票，右手拇指抬起让钞票下落，左手拇指在拨钞的同时下按其余钞票，左右两手拇指一起一落协调动作，如此循环，直至点完。

3）记数。可采用分组记数法。如点双数，两张为一组记一个数，50 组就是 100 张；如点三数，三张为一组记一个数，数完 33 组最后剩一张。

（a）

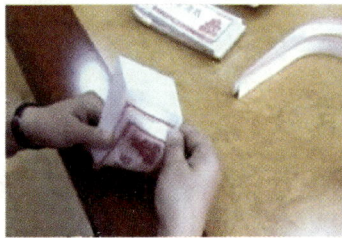

（b）

（c）

（d）

图 8-2 手持式单指多张点钞法

3. 多指多张点钞技术

多指多张点钞法点钞时用右手小指、无名指、中指、食指依次每指捻下一张钞票，一次清点四张钞票的方法，也叫四指四张点钞法。这种点钞法适用于对大面额且票面相对整洁的钞币（如百元券、五十元券）整点。这种点钞方法的优点是省力、省脑、效率高；缺点是不能看到中间几张的全部票面，不易发现假币及残缺币。

1）拆把。同单指单张。

2）持票。左手持钞，中指在后，食指、无名指、小指在前，将钞票夹紧，四指同时弯曲将钞票轻压成瓦形，拇指在钞票的右上角外面，将钞票推成小扇面，然后手腕向里转，使钞票的右里角抬起，右手小指、无名指、中指、食指准备清点。如图 8-3（a）、图 8-3（b）和图 8-3（c）所示。

3）清点。右手腕抬起，拇指贴在钞票的右里角，其余四指同时弯曲并拢，从小指开始每指捻动一张钞票，依次下滑四个手指，每一次下滑动作捻下四张钞票，循环操作 25 次，直至点完 100 张。如图 8-3（d）、图 8-3（e）、图 8-3（f）所示。

4）记数。采用分组记数法。每点四张为一组，记满 25 组为 100 张。

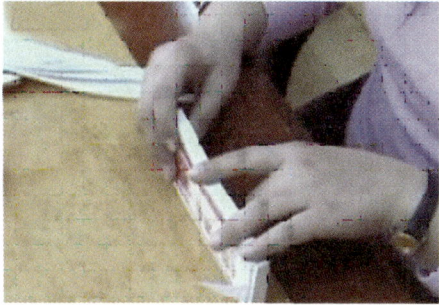

（a）

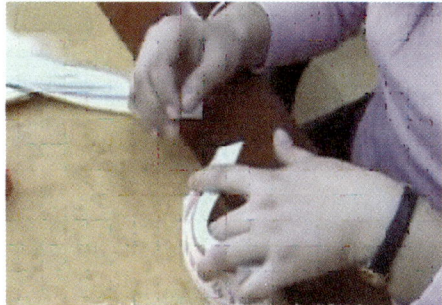

（b）

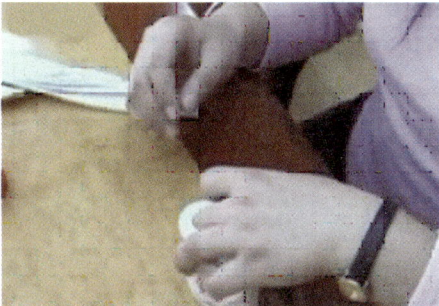

（c）

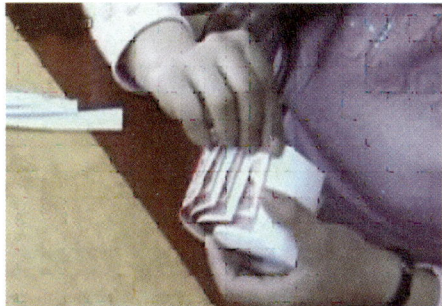

（d）

（e）

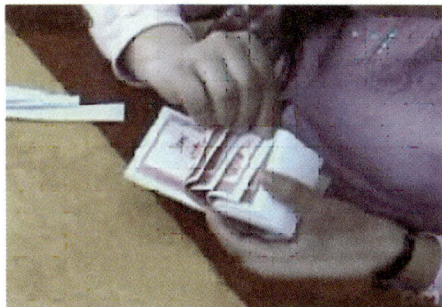

（f）

图 8-3　手持式四指四张点钞法

4. 扇面式点钞法

把钞票捻成扇面状进行清点的方法叫扇面式点钞法。这种点钞方法的优点是速度快，是手工点钞中效率最高的一种，适合清点新钞币；缺点是不适于清点新、旧、破混合钞币。

1）拆把。同单指单张。

2）持票。钞票竖拿，左手拇指在票前下部中间票面约四分之一处。食指、中指在票后同拇指一起捏住钞票，无名指和小指拳向手心。右手拇指在左手拇指的上端，用虎口从右侧卡住钞票成瓦形，食指、中指、无名指、小指均横在钞票背面，做开扇准备。

3）开扇。开扇是扇面点钞的一个重要环节，扇面要开得均匀，为点数打好基础，做好准备。然后以左手为轴，右手食指将钞票向胸前左下方压弯，然后再猛向右方闪动，同时右手拇指在票前向左上方推动钞票，食指、中指在票后面用力向右捻动，左手指在钞票原位置向逆时针方向画弧捻动，食指、中指在票后面用力向左上方捻动，右手手指逐步向下移动，至右下角时即可将钞票推成扇面形。如有不均匀地方，可双手持钞抖动，使其均匀。打扇面时，左右两手一定要配合协调，不要将钞票捏得过紧，如果点钞时采取一按 10 张的方法，扇面要开小些，便于点清。如图 8-4（a）所示。

4）点数。左手持扇面，右手中指、无名指、小指托住钞票背面，拇指在钞票右上角 1cm 左右处，一次按下 5 张或 10 张；按下后用食指压住，拇指继续向前按第二次，以此类推，同时左手应随右手点数速度向内转动扇面，以迎合右手按动，直到点完 100 张为止。如图 8-4（b）和图 8-4（c）所示。

5）记数。用分组记数法。一次按 5 张为一组，记满 20 组为 100 张；一次按 10 张为一组，记满 10 组为 100 张。

6）合扇。清点完毕合扇时，将左手向右倒，右手托住钞票右侧向左合拢，左右手指向中间一起用力，使钞票竖立在桌面上，两手松拢轻墩，把钞票墩齐，准备扎把。

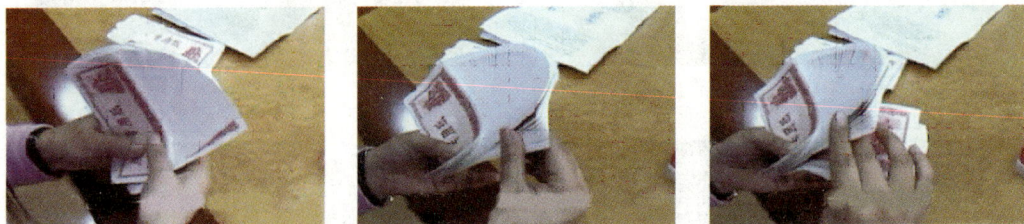

（a）　　　　　　　　（b）　　　　　　　　（c）

图 8-4　扇面式单指多张点钞法

三、点钞机的使用

点钞机是应用专门的机具对钞币进行快速点数的设备。由于是以电动传输为主，手工配合为辅，其点数的速度远快于手工点数，在目前对钞币点数批量较大的部门及场合，如银行、超市等的现金收付，都广泛地使用点钞机，以提高现金收付的效率。

点钞机按功能可分为全智能型点钞机、半点智能型点钞机和普通型点钞机。普通型点钞机，其功能较少，质量比半智能型点钞机和全智能型点钞机都差，主要用于对钞币的点数。全智能型的识假币功能则强于普通型很多，比如对一半真一半假的钞币，具有一定的识假能力，普通机则做不到。半点智能型点钞机侧重于钞币的点数，对有明显特征的假币才能识别。

（一）点钞机的基本功能

1）清点张数。
2）检测真伪。

3）提示残缺币。

（二）点钞机的几种检伪方式

1. 安全线磁性检测

安全线磁性检测由一个或多个长磁头来完成。其基本原理为：检测有无安全线磁性及安全线磁性的分布规律是否与预设值（真钞）相吻合。

2. 荧光检测

真币的纸张在生产时经过特殊的荧光处理，假币的纸张则没有经过荧光处理或即使处理，与真币也不尽相同。荧光检测就是利用这一特性来对货币进行真假的鉴别，如鉴别有差异，点钞机器就会报警提示。

3. 红外线检测

通过红外线可以对各种面额钞币的红外值检测。每一种面额的真币都有自身预设的红外值，假币则达不到应有的标准。

4. 宽度检测

宽度检测是指由数码盘的感应装置与计数管相结合来检测货币票面的宽度。

（三）点钞机的几种工作状态

对于不同类别，如普通型、半智能型或全智能型点钞机，其功能也不尽相同，基本功能包括以下几点。

1）智能。该机出厂时已设置的全部检伪功能。

2）预置。预置点数总张数的功能。

3）累加（金额）。累加张数的功能；有"金额"标识的可以累一次清点钞票的幅面的总和。

4）混点与分版。通过按键选择控制此状态的开关，该功能主要是对"04版"与"05版"的清分与混点。

5）清点、计数、荧光。通过按键选择，在此功能状态下，一般只有一种最简单、最基本的荧光检测，该功能主要是用来清点各种票面的钞币，侧重于点数，对真伪仅做荧光检测。

（四）点钞机的使用方法

1）将点钞机电源线插头插到 220V 电源插座上，查看功能指示灯的提示是否正常。在有外接显示器的情况下，接上其电源后，打开电源开关，正常情况时，计数器显示为"0"。

2）特殊状态报警提示，点钞机在点数到下列纸币时，会自动停止点数，作出报警提示，以便剔除：用纸或透明胶带粘接过的纸币、洗涤后软化的纸币、污渍严重的纸币、破损、断裂严重的纸币。

（五）常规点钞

第一步：开启点钞机，使之处于待工作状态。

第二步：拆把，同手工点数，把待点钞票理好，按不同的面值分开，清除钞票上纸补贴及污染物，堆放整齐。

第三步：根据点钞机的类别和需要，预设相应的功能，开始点钞操作。为便于分张和下钞流畅，对于粘结太紧的纸币，应抖动拍松后再捻开，将钞票均匀地搓捻成一个前低后高的斜面小斜坡状，以避免下双张或拥塞，然后平整均匀地放入喂钞台，使钞票依次自然下滑，通过捻钞轮进入机器内。随着点钞机开始工作，握钞手指逐渐松开，切不可往下推挤钞票，喂钞台内的钞票清点完毕后，机器即自动停止。机器运行时，操作人员要认真观察，在听到报警提示后，如发现有假币、破损币及绵软霉烂的钞币时，要立即剔除，然后再继续清点。

（六）快速点钞

第一、二步同上；

第三步：当只需清点张数，不需要识伪时，可关掉其他防伪功能的指示灯，基本操作同上第三步。

（七）点钞机的日常维护

1）电源的接地。为确保操作人员的人身安全，必须定期（特别是干燥季节）请专业人员检测电源的接地情况。

2）清扫。定期或在点数大批量的钞币后，必须进行清扫。首先切断电源，然后用干燥的软毛刷，按照说明书提示，打开机盖，轻轻刷扫粘附的灰尘，最后，盖好恢复原状。需要注意的是，在清扫后即使用的情况下，切不可用湿抹布擦扫！

3）调节。当出现进钞不畅或不准时，可按照说明书的提示，扭动调节旋钮，顺时针扭收紧，逆时针扭放松，调节阻力件与捻钞轮的间距，以手持一张钞票放入捻钞轮与阻力片之间感到有捻力为准。

4）更换紫外灯管。打开机顶面盖，抽出紫外灯管，换上新的后盖好恢复原状。

5）以上操作务必遵照说明书提示。在发生自己无法处理的故障时，切勿擅自拆卸，应及时与经销商指定的维修人员联系。

第二节　钞币的管理

钞币的管理也是出纳工作中一项具体的业务，尤其是对于银行大批量的现金收、存、缴来说，其要求的规范性、严格性，都远高于非银行企业的库存现金管理，因此，按照严格、规范的要求，掌握钞币管理的知识技能，可进一步提高出纳库存现金业务的管理水准。

一、钞币的扎把

点钞完毕后，需将钞票进行扎把，100 张为一把。首先，将点准的钞票，展平卷角、卷边的票面；然后，将每把第一张和最后一张的票面理顺，即第一张为正面（人头画面）朝外，最后一张为反面（景物画面）朝外；最后，分别左右手的拇指和食指横抵住钞票两端的中间部位，在桌面上轻轻磕碰，如有上边或左右边不齐的地方，可腾出一只手对钞币的上边或左右边进行调理或轻轻拍打，直至墩齐方可扎把。

扎把可分为缠绕式和扭结式两种。

1. 缠绕式

一般临柜收款都采用此种方法，使用切制好（可在专卖店购买）的牛皮纸或厚棉纸做捆钞条，具体操作方法介绍如下。

1）将钞币横立在桌面上，左手拇指和食指从左侧抵住钞币的中间部位，

右手在靠左端钞币的 1/3 或 1/4 处，将捆钞条的一端插入钞币厚度的约 1/2 处，插入的长度在 5～6 厘米；

2）左手在紧抵住插入捆钞条地方的同时，拇指在钞币的正面，食指和中指在钞币的背面，将钞币握成瓦状，瓦状的弧度大小决定着扎把的松紧，大则紧，会将捆钞条绷断；小则松，适度，右手拿着捆钞条，从凹面开始绕钞票三圈。

3）在翻到钞票凹处将捆钞条向右折叠 90 度，将捆钞条头绕捆在钞票的捆钞条上转两圈，捏成瓦状的左手放松，捆钞条即被夹紧。

4）将捆好的钞币再在桌上轻垛两下，压平即可。

2. 扭结式

考核、比赛通常采用此种方法，需使用厚棉纸捆钞条，具体操作方法如下。

1）左手握钞，拇指在钞币的正面，食指和中指在钞币的背面，将钞币握成瓦状。

2）右手将捆钞条的中间放置于钞票的凸面，将捆钞条的两端头分别绕到凹面，左手食指、拇指按住捆钞条与钞票厚度交界处。

3）右手拇指、食指夹住捆钞条的一端，中指、无名指夹住捆钞条头的另一端，并合在一起，右手顺时针转 180 度，左手逆时针转 180 度，将拇指和食指夹住的那一端从捆钞条与钞票之间绕过、打结。

4）将捆好的钞币再在桌上轻垛两下，压平即可。

二、钞币的打捆

目前，钞币的打捆主要有半自动和全自动两种，鉴于目前半自动和全自动捆钞机的品牌和规格型号很多，操作方法也不尽相同，使用方法只能针对具体的机型而言。不论是半自动或全自动捆钞机，都必须将准备打捆的（十把为一捆）的钞币垛齐理顺，即五把的捆钞条位置须对齐，如五把的捆钞条位置偏左，另五把的捆钞条位置就偏右。在送入捆钞机之前，再检查每一把侧面的捆钞条上是否盖有经手人的名章和日戳章，如没有

应予补盖，然后将垛齐理顺的钞币送入捆钞机打捆，取出后以用力推扭不变形为准，如果太松，可根据使用说明书的提示做调整，并在捆钞绳打结的地方贴上盖有经手人名章、机构条章和日戳的封条。

三、假人民币、残缺币和零星币的处理

1. 假人民币的识别和处理

（1）假人民币的识别

假人民币是指通过伪造或变造手段制作的、与真人民币相似、政府禁止流通的非法货币。

1）人民币的制假主要有伪造和变造两种。伪造人民币是指模拟真币的图案、形状、色彩等，利用描绘、刻印、拓印、机制、电脑描绘等手段制作的假人民币。其中，利用电脑扫描分色制版印刷高科技手段制作的大面额（百元券、五十元券、贰十元券）假币数量最多，因仿真水平较高而难以识别，危害性较大。变造人民币是指在真币的基础上，用挖补、粘接、揭层、拼凑等方法，改变真币原形态，将人民币制作成半真半假等形状，达到以少制多的非法目的。

2）假人民币的识别方法无论是伪造或是变造的假人民币，只要方法得当，再加上认真仔细，都能予以识别，这里主要介绍在没有专用检测条件下的基本识别方法。专用检测已在介绍点钞机的功能时做过说明。

识别假人民币最基本的方法可以概括为"一摸、二看、三听、四测"。

一摸：由于真人民币的制作采用凹版印刷技术，钞面线条形成凸出纸面的油墨道，特别是在盲文点、"中国人民银行"字样、第五套人民币人像等部位，如用手指抚摸这些部位，都具有较明显的凹凸感，人像头发也有清晰的纹路感。假币一般是采用胶版印刷，钞面平滑、无凹凸手感。

二看：首先，看整张票面图案是否协调，图案色彩是否鲜明、线条是否清晰、对接线是否对接完好，无留白或空隙。其次，看正面左下角100字样调动视线和观看角度会呈现出两种不同的颜色。再次，看钞面的水印是否清晰。真币的水印形象生动细腻，立体感较强，假币水印缺乏立体感，多为线条组成，有的过于清晰但显生硬，有的过于模糊而缺乏生动感。将人民币对着光亮照看，假币水印色彩较淡而模糊，真币水印色彩清晰而且浓淡分明。最后，看安全线，假币的"安全线"有的用浅色油墨印成，模糊不清，有的则用手工夹入一根很细的银色塑料线，只要仔细辨认，就会在纸币边缘处发现修剪不齐的银白色线头。第五套人民币真币的安全线有微缩文字，假币仿造的文字模糊不清，线条活动易抽出。

三听：真币的纸张是特殊纸张，质感较好，厚实挺括，一般的揉折不会断裂，用手抖、指弹动时会发出清脆的"哗啦"声响；假币纸张偏软偏薄，用手抖、指弹动时声音沉闷，不耐揉折。

四测：用简单仪器进行荧光检测，检测纸张有无荧光反映。真币在荧光灯下无荧光反映，票面呈暗色；假币在荧光灯下会有明显荧光反映，票面呈白色。

另外，通过验钞笔，可以看到钞币上的内光数字，假币则没有。

（2）对假币的处理

对于假币，目前只有国家授权的金融机构有处置权，因此，根据《中国人民银行假币收缴、鉴定管理办法》对假币收缴及鉴定作出如下规定。

1）金融机构（本办法所称中国人民银行授权的鉴定机构，是指具有货币真伪鉴定技术与条件，并经中国人民银行授权的商业银行业务机构）在办理业务时发现假币，由该金融机构两名以上业务人员当面予以收缴。对假人民币纸币，应当面加盖"假币"字样的戳记；对假外币纸币及各种假硬币，应当面以统一格式的专用袋加封，封口处加盖"假币"字样戳记，并在专用袋上标明币种、券别、面额、张（枚）数、冠字号码、收缴人、复核人名章等细项。收缴假币的金融机构（以下简称"收缴单位"）向持有人出具中国人民银行统一印制的《假币收缴凭证》，并告知持有人如对被收缴的货币真伪有异议，可向中国人民银行当地分支机构或中国人民银行授权的当地鉴定机构申请鉴定。收缴的假币，不得再交予持有人。

2）金融机构在收缴假币过程中有下列情形之一的，应当及时报告当地公安机关，并提供有关线索：一次性发现假人民币20张（枚）（含20张、枚）以上，假外币10张（含10张、枚）以上的；属于利用新的造假手段制造假币的；有制造贩卖假币线索的；持有人不配合金融机构收缴行为的。

3）办理假币收缴业务的人员，应当取得《反假货币上岗资格证书》。《反假货币上岗资格证书》由中国人民银行印制。中国人民银行各分行、营业管理部、省会城市中心支行负责对所在省（自治区、直辖市）金融机构有关业务人员进行培训、考试和颁发《反假货币上岗资格证书》。

4）金融机构对收缴的假币实物进行单独管理，并建立假币收缴代保管登记簿。

5）持有人对被收缴货币的真伪有异议，可以自收缴之日起3个工作日内，持《假币收缴凭证》直接或通过收缴单位向中国人民银行当地分支机构或中国人民银行授权的当地鉴定机构提出书面鉴定申请。中国人民银行分支机构和中国人民银行授权的鉴定机构应当无偿提供鉴定货币真伪的服务，鉴定后应出具中国人民银行统一印制的《货币真伪鉴定书》，并加盖货币鉴定专用章和鉴定人名章。中国人民银行授权的鉴定机构，应当在营业场所公示授权证书。

6）中国人民银行分支机构和中国人民银行授权的鉴定机构应当自收到鉴定申请之日起2个工作日内，通知收缴单位报送需要鉴定的货币。收缴单位应当自收到鉴定单位通知之日起2个工作日内，将需要鉴定的货币送达鉴定单位。

7）中国人民银行分支机构和中国人民银行授权的鉴定机构应当自受理鉴定之日起15个工作日内，出具《货币真伪鉴定书》。因情况复杂不能在规定期限内完成的，可延长至30个工作日，但必须以书面形式向申请人或申请单位说明原因。

8）对盖有"假币"字样戳记的人民币纸币，经鉴定为真币的，由鉴定单位交收缴单位按照面额兑换完整券退还持有人，收回持有人的《假币收缴凭证》，盖有"假币"戳记的人民币按损伤人民币处理；经鉴定为假币的，由鉴定单位予以没收，并向收缴单位和持有人开具《货币真伪鉴定书》和《假币没收收据》。

对收缴的外币纸币和各种硬币，经鉴定为真币的，由鉴定单位交收缴单位退还持有人，并收回《假币收缴凭证》；经鉴定为假币的，由鉴定单位将假币退回收缴单位依法收缴，并向收缴单位和持有人出具《货币真伪鉴定书》。

9）中国人民银行分支机构和中国人民银行授权的鉴定机构鉴定货币真伪时，应当至少有两名鉴定人员同时参与，并做出鉴定结论。

（3）对2005年版第五套人民币的基本认识

2005年版第五套人民币100元纸币如图8-5所示和图8-6所示。

图8-5　2005年版第五套人民币100元纸币正面

图8-6　2005年版第五套人民币100元纸币背面

（4）第五套人民币2005年版与1999年版的相同之处

1）2005年版第五套人民币规格、主景图案、主色调、"中国人民银行"行名和汉语拼音行名、面额数字、花卉图案、国徽、盲文面额标记、民族文字等票面特征，均与现行流通的1999年版的第五套人民币相同。

2）2005年版第五套人民币100元、50元纸币的固定人像水印、手工雕刻头像、胶印缩微文字、雕刻凹版印刷等防伪特征，均与现行流通的 1999 年版的第五套人民币 100 元、50 元纸币相同。

3）2005 年版第五套人民币 20 元纸币的固定花卉水印、手工雕刻头像、胶印缩微文字、双色横号码等防伪特征，均与现行流通的 1999 年版的第五套人民币 20 元纸币相同。

4）2005 年版第五套人民币 10 元、5 元纸币的固定花卉水印、白水印、全息磁性开窗安全线、手工雕刻头像、胶印缩微文字、雕刻凹版印刷、双色横号码等防伪特征，均与现行流通的 1999 年版的第五套人民币 10 元、5 元纸币相同。2005 年版第五套人民币 10 元纸币的阴阳互补对印图案，与现行流通的 1999 年版的第五套人民币 10 元纸币相同。

（5）第五套人民币 2005 年版与 1999 年版的区别之处

1）调整防伪特征布局。2005 年版第五套人民币 100 元、50 元纸币正面左下角胶印对印图案调整到主景图案左侧中间处，光变油墨面额数字左移至原胶印对印图案处，背面右下角胶印对印图案调整到主景图案右侧中间处。

2）调整防伪特征。①隐形面额数字：调整 2005 年版第五套人民币各券别纸币的隐形面额数字观察角度。2005 年版第五套人民币各券别纸币正面右上方有一装饰性图案，将票面置于与眼睛接近平行的位置，面对光源做上下倾斜晃动，分别可以看到面额数字字样。②全息磁性开窗安全线：2005 年版第五套人民币 100 元、50 元、20 纸币将原磁性缩微文字安全线改为全息磁性开窗安全线。2005 年版第五套人民币 100 元、50 元纸币背面中间偏右，有一条开窗安全线，开窗部分分别可以看到由缩微字符"￥100"、"￥50"组成的全息图案。2005 年版第五套人民币 20 元纸币正面中间偏左，有一条开窗安全线，开窗部分可以看到由 缩微字符"￥20"组成的全息图案。③双色异形横号码：2005 年版第五套人民币 100 元、50 元纸币将原横竖双号码改为双色异形横号码。正面左下角印有双色异形横号码，左侧部分为暗红色，右侧部分为黑色。字符由中间向左右两边逐渐变小。④雕刻凹版印刷：2005 年版第五套人民币 20 元纸币背面主景图案桂林山水、面额数字、汉语拼音行名、民族文字、年号、行长章等均采用雕刻凹版印刷，用手触摸，有明显凹凸感。

3）增加防伪特征。①白水印：2005 年版第五套人民币 100 元、50 元纸币位于正面双色异形横号码下方，2005 年版第五套人民币 20 元纸币位于正面双色横号码下方，迎光透视，分别可以看到透光性很强的水印面额数字字样。②凹印手感线：2005 年版第五套人民币各券别纸币正面主景图案右侧，有一组自上而下规则排列的线纹，采用雕刻凹版印刷工艺印制，用手指触摸，有极强的凹凸感。③阴阳互补对印图案：2005 年版第五套人民币 20 元纸币正面左下角和背面右下角均有一圆形局部图案，迎光透视，可以看到正背面的局部图案合并为一个完整的古钱币图案。

4）2005 年版第五套人民币各券别纸币背面主景图案下方的面额数字后面，增加人民币单位的汉语拼音"YUAN"；年号改为"2005 年"。

5）2005 年版第五套人民币取消各券别纸币纸张中的红蓝彩色纤维。

2. 残缺币和零星币的处理

（1）残缺币的处理

非金融机构的出纳人员在收付业务中不可避免地会收到各种不同面额的残缺币，在经确定为不是假币的情况下，应当根据 2004 年 2 月 1 日起施行的《中国人民银行残缺污损人民币兑换办法》（另附）中银行接受兑换的标准，确定能否收取。对收取的残缺币，如有断裂的地方不能用透明胶带粘接，而应当用薄棉纸粘接，按不同的面额分别集中管理，对于大面额的残缺币，如百元券、五十元券，可在到银行办理业务时便随即兑换，对小面额的残缺币，可聚攒到一定数量时，到银行统一兑换。

金融机构的临柜人员在收到各种不同面额的残缺币时，应当根据《中国人民银行残缺污损人民币兑换办法》中的相关标准确定能否全额或折半收取，对达不到标准的，应予拒收。

（2）残缺污损人民币的兑换

根据《中国人民银行残缺污损人民币兑换办法》，对残缺污损人民币的兑换可根据以下原则办理。

1）凡办理人民币存取款业务的金融机构（以下简称金融机构）应无偿为公众兑换残缺、污损人民币，不得拒绝兑换。

2）残缺、污损人民币兑换分"全额"、"半额"两种情况。①能辨别面额，票面剩余四分之三（含四分之三）以上，其图案、文字能按原样连接的残缺、污损人民币，金融机构应向持有人按原面额全额兑换。②能辨别面额，票面剩余二分之一（含二分之一）至四分之三以下，其图案、文字能按原样连接的残缺、污损人民币，金融机构应向持有人按原面额的一半兑换。纸币呈正十字形缺少四分之一的，按原面额的一半兑换。

3）兑付额不足一分的，不予兑换；五分按半额兑换的，兑付二分。

4）金融机构在办理残缺、污损人民币兑换业务时，应向残缺、污损人民币持有人说明认定的兑换结果。不予兑换的残缺、污损人民币，应退回原持有人。

（3）零星币的处理

产生零星币的情况有两种：一是不够 100 张成把的钞币；二是因收付需要找补的小面额钞币。

第一种情况的处理：先将不成把的零星纸币按面额分开，然后用橡皮筋分别捆起来，最后再用一张小纸条写上点数正确的张数，别在橡皮筋上。这样做的效果是便于扎账和保管。

第二种情况的处理：首先要根据业务需要大概核定找补钞币的票面及金额，如某项收付业务找补概率最高的是一元券，一段时间内（一天或一周或一个月等），需要有 500～600 张的一元券做找补准备，那么，在营业前，就必须准备好五～六把一元券，才不致影响收付业务；其次，营业终了扎账完毕后，应清理一元券的数量，如超出核定数，超出部分，可随同其他钞币存入银行，如果需要找补的一元券不够，应及时到银行换取，以免影响收付业务。

另外，对于零星的角币，特别是污染严重的角币，不宜存放时间太长，聚攒到一定量后应及时存入银行，以免遗失或发霉。

四、现金盘点的事项

库存现金的盘点，是保证企业货币资金安全与完整的重要措施，也是考核出纳员对货币资金管理的责任心和能力水平的基本标准。通过库存现金的盘点，可以衡量企业在货币资金管理，特别是库存现金的收、付及保管等方面，是否严格遵守国家有关现金管理方面的规章制度，及时发现问题，积极采取措施，尽可能地将由于主客观原因而产生的管理疏漏，消除在萌芽状态。

库存现金的盘点可分为定期盘点和不定期盘点。

1）定期盘点一般在月末、季末或年末，其作用在于与会计账目的核对，确保账款一致，即库存现金的真实、准确。

2）不定期盘点则根据管理的需要，其目的在于针对发现的问题或考核出纳员的责任心和能力水平。

3）无论是定期盘点还是不定期盘点都必须坚持两人以上参与的原则，作为出纳员，特别是初做出纳工作的人员，应当保持平和的心态，做到心不慌，手不乱。

盘点可按如下步骤进行：①准备好一个宽敞的桌面，备好需用的沾水盒、算盘或计算器。②将各种成捆、成把的钞币按面额大小依次排列，不成把的钞币均用橡皮筋捆好，并别有记明张数的小纸条，按面额大小依次排列，硬币则十个为一堆依次排列（特别注意：任何借条、借据不得充抵现金）。③让其他参与盘点的人员逐笔清点。④在清点完毕且账款一致时，填制库存现金盘点表，如表8-1所示，将钞币有序收回库房或保险柜；如清点完毕发生账款不一致，应当由其他参与盘点的人员再做全部点数，不低于三人（次），并一致确定长（短）款的金额，查找原因，报请领导处理，待处理意见确定后，方可填制库存现金盘点表，将钞币有序收回库房或保险柜。

表 8-1 库存现金盘点表

单位名称（盖章）：

盘点基准日：　　　　　　盘点日期：

币种：人民币：　　　　参与盘点人员：　　　　制表：

清查日清点现金			核对账目	
钞币面值	张数	金额	项目	金额
一百元券			盘点日现金账面余额	
五十元券			加：盘点基准日至盘点日的现金收入	
贰十元券			减：盘点基准日至盘点日的现金支出	
十元券				
五元券				
贰元券			调整后现金余额	
壹元券			实点现金	
五角券（币）			长款	
贰角券（币）			短款	
壹角券（币）			处理意见：	
其他零星币				
实点合计				

财务负责人（签名）：　　　参与盘点人员（签名）：　　　出纳员（签名）：

练 习 题

一、简答题

1. 假人民币识别的方法有哪些？
2. 现金盘点的事项有哪些？

二、业务题

材料：练功券、电子秒表、捆钞条。

要求：三人一组，一人练习，一人监督，一人看表，轮流训练。

考核标准：五分钟内，从拆捆钞条到点数挑错，再到系好捆钞条，合格：5 把；良好：6 把；优秀：7 把以上。

珠算技法

9

珠算是以算盘为工具进行数字计算的一种方法。珠算的最大特点是"随手拨珠便成答数","珠动则数出",与之相应的有一整套珠算口诀,口诵手拨,运算起来十分简便、迅捷,故深受人们的喜爱,迅速在世界范围内推广。

知识目标

- 珠算的起源及发展。
- 算盘的结构与珠算术语。
- 拨珠的方法。
- 珠算加减法。
- 翻打百张传票,账表算法。
- 珠算乘法。
- 珠算除法。

能力目标

- 了解珠算的起源及发展。
- 熟悉算盘的结构与珠算术语。
- 掌握拨珠的方法。
- 熟练掌握珠算加减法。
- 熟悉翻打百张传票、账表算法。
- 掌握珠算乘法、珠算除法。

第一节 珠 算 概 述

一、珠算的起源及发展

珠算是以算盘为工具进行数字计算的一种方法。珠算是中华民族的宝贵文化遗产，源远流长。据考证，"珠算"一词最早的书面记载见于公元 190 年东汉数学家徐岳所著《数术记遗》。其中有云："珠算，控带四时，经纬三才。"北周甄鸾为此作注，大意是：把木板刻为三部分，上下两部分是停游珠用的，中间一部分是作定位用的。每位各有五颗珠，上面一颗珠与下面四颗珠用颜色来区别。上面一珠当五，下面四颗，每珠当一。可见当时"珠算"与现今通行的珠算有所不同。

宋代《清明上河图》中，可以清晰地看到"赵太承家"药店柜台上放着一把算盘，算盘及其使用方法明朝时逐步传入日本、朝鲜及东南亚等地区，对这些国家和地区计算数学的发展产生了重大的影响，近年在美洲也渐流行。元代刘因（1248～1293）《静修先生文集》中有题为《算盘》的五言绝句。元代画家王振鹏《乾坤一担图》（1310 年）中有一算盘图。元末陶宗仪《南村辍耕录》（1366 年）卷二十九"井珠"条中有"算盘珠"比喻。元曲中也提到"算盘"，由这些实例，可知宋代已应用珠算。

明代商业经济繁荣，在商业发展需要条件下，珠算术得到普遍推广，逐渐取代了筹算。现存最早载有算盘图的书是明洪武四年（1371 年）新刻的《魁本对相四言杂字》。现存最早的珠算书是闽建（福建建瓯）徐心鲁订正的《盘珠算法》（1573 年）。流行最广、在历史上起作用最大的珠算书则是明程大位编的《直指算法统宗》。

目前，国务院已将"算盘"列入第二批国家级非物质文化遗产目录。

珠算被代代流传下来，不仅逾千年而不衰，而且得到了长足的发展，这与算盘是分不开的。算盘是中国古代的一项伟大发明，引起了中国传统计算方法的变革，促进了计算数学的发展。由于算盘不但是一种极简便的计算工具，而且具有独特的教育职能，所以到现在仍盛行不衰。从世界范围看，算盘也是古代世界上最为先进的计算工具，即使在普遍使用计算机和计算器的今天，在加减运算方面，还是以算盘最为优越。

二、算盘的结构与珠算术语

（一）算盘的结构

算盘一般呈长方形，由边（框）、梁、档、珠四个基本部分组成，改进后的算盘又增加了清盘器、记位点和垫脚等装置，如图 9-1 所示。

边（框）是算盘的四周框，用以固定算盘的梁、档、珠，它决定了算盘的大小及形状。

梁是连接左右两边的一条横木，将盘面分为上下两部分。

档是连接上下两边并穿过横梁的细柱，用以穿连算珠并表示数位。

珠是用以表示数，梁上部分叫上珠，梁下部分叫下珠。

清盘器是连接在横梁上、下面用以使算珠离梁的装置，操作按钮装在算盘上边的左端。

垫脚装在算盘左右两边的底面，作用是使算盘底面离开桌面，当移动算盘下面的计算资料时，防止算珠被带动。

记位点是在梁上做出的记位标记，方便计数与看数。

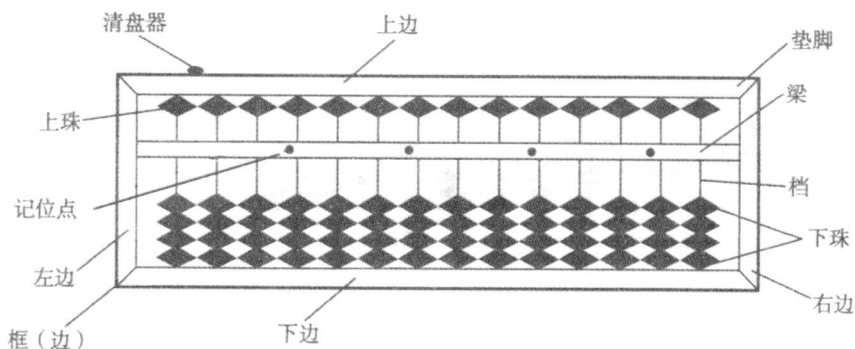

图 9-1　算盘

（二）珠算常用术语

空档：某一档的上、下珠都离梁，空档表示这一档没有记数，或者表示 0。

空盘：各档都是空档，表示全盘没有记数。

内珠：靠梁记数的算珠。

外珠：离梁不记数的算珠。

拨上：是指将下珠拨靠梁。

拨下：是指将上珠拨靠梁。

拨去：是指将上珠或下珠拨离梁。

本档：是指正要拨珠记数的这一档。

前档：是指本档的前一档，也叫左一档（位）。

后档：是指本档的后一档，也叫右一档（位）。

漂珠：拨珠时用力过轻，不靠梁不着框，浮漂在档中间的算珠。

带珠：拨珠时，把本档或邻档不应拨入或拨去的算珠带入或带出。

实珠：靠梁表示正数的算珠。

虚珠：也叫负珠，是指算珠拨到既不靠梁又不靠框，表示负数的悬珠。

置数：也叫布数，按照计算的要求，把数字拨入算盘，为计算作准备。

档位：也叫档次，是指档的位次。

错档：也叫错位，是指运算过程中未将算珠拨入应拨的档位。

隔档：也叫隔位，是指本数位左右空一档的第二档（位）。

进位：是指本档加上一个数后，大于或等于 10，须向前位加 1。

退位：是指在本档减去一个数时本档不够，需向前面一位减 1。

首位：也叫最高位，是指一个多位数的第一个非零数字，如 8 234 中的 8，0.0675 中的 6。

末位：也叫最低位，是指一个多位数的最后一个数字，如 7 325 中的 5，48.29 中的 9。

次位：是指一个多位数的第二个数字，如 6 853 中的 8，0.718 中的 1。

实数：古算书中通称被乘数和被除数为实数，简称实。

法数：古算书中通称乘数和除数为法数，简称法。

乘加：是指被乘数每位乘以乘数各位，在算盘上一边乘一边加积数。

乘减：也叫减积，是指每位商数同除数相乘，乘积在被除数里减去。

除首：是指除数的最高位数。

积首：是指积数的首位数。

商首：是指商数的首位数。

估商：在除法中，需求得每一个商数，就要用心算，估出被除数是除数的几倍。

试商：也叫初商，是指在估商时初步求得的商数，叫做试商。

置商：也叫立商，是指把试商拨入算盘。

调商：置商后，经乘减证明，试商不正确，需要调整。

确商：置商后，经乘减证明，试商不大也不小。

除尽：是指被除数除以除数，除到某一位，刚好无余数，叫做除尽。

除不尽：是指整除出现无穷循环或不循环小数时，不能除尽的除算，如 $1 \div 3 = 0.333\cdots$；$1 \div 7 = 0.142857142857\cdots$等。

余数：不能整除的除法，在商数求到个位或预定的某数位时，被除数中减剩的数。

退商：试商过大，将其改小。

补商：试商过小，将其改大。

假商：在除法运算中，为计算便捷，先确立的一个商。

清盘：拨去各档靠梁的算珠，使全盘成为空盘。

三、拨珠的方法

（一）操盘

打算盘的姿势正确与否直接影响运算的速度与准确的程度。算盘放在离桌沿大约 10～15cm 的位置并与桌边平行，算盘的中央部分要与身体中心一致，上身与桌沿距离约 10cm。打算盘时，身要正，腰要直，脚平稳，头稍低，眼向下，肘部略为抬起，摆动幅度不宜过大。运算时，精力要高度集中，靠翻动眼皮看数，不要摆头。

（二）握笔方法

珠算一般要求握笔运算，用手拨珠并持笔书写结果，握笔方法有以下几种。

1）用无名指和小指握住笔尖部分，笔身横在拇指与食指之间，使拇指、食指和中指能灵活拨珠，如图 9-2（a）所示。

2）将笔尖部分夹在无名指和小指之间，笔身横在拇指与食指之间，如图 9-2（b）所示。

3）将笔横在拇指与食指之间，笔身伸出虎口，笔尖露在食指与中指之外，如图 9-2（c）所示。

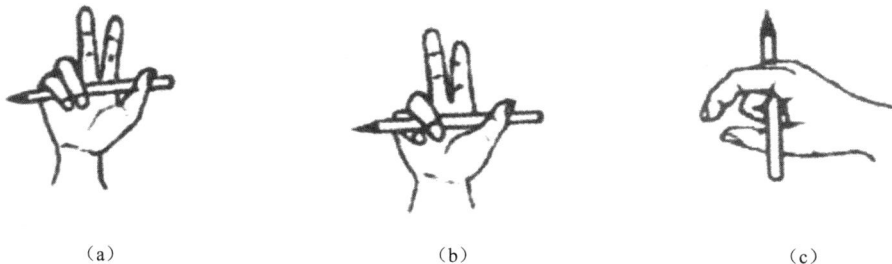

（a）　　　　　　　　　（b）　　　　　　　　　（c）

图 9-2　珠算时的握笔姿势

（三）置数

1）算盘记数，用档表示位，高位在左，低位在右，每隔一档相差 10 倍；用算珠表示数，靠梁的算珠表示数字，离梁的算珠表示 0，下珠一颗当 1，上珠一颗当 5。珠算中采用"五升十进制"，即本档记满 5 时升一上珠，称为"五升"；本档记满 10 时，前档进一下珠，称为"十进"。

2）算盘的记位，采用国际通用三分位节制。置数时，可从首位至末位逐位拨入，也可以从末位至首位逐位拨入。

（四）拨珠

拨珠时要求手指分工协作，配合默契；用力适度，进退有序；动作连贯，节奏明快；干净利落，行如流水。拨珠方法分为两指联拨、三指联拨。

1. 两指联拨

两指联拨是指用右手的拇指、食指拨珠，中指、无名指和小指自然弯曲。

（1）双合（上、下珠同时靠梁）

1）同档双合：拇指拨下珠靠梁的同时，食指拨同档上珠靠梁，如图 9-3 所示。

2）左右档双合。拇指拨左档下珠靠梁的同时，食指拨右档上珠靠梁，如图 9-4 所示。

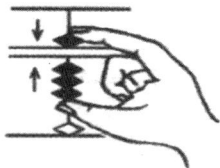

图 9-3　同档双合

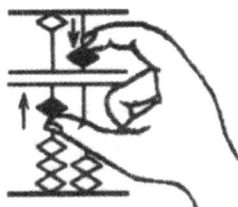

图 9-4　左右档双合

（2）双分（上、下珠同时离梁）

1）同档双分。拇指拨下珠离梁的同时，食指拨同档上珠离梁，如图9-5所示。

2）左右档双分。拇指拨左档下珠离梁的同时，食指拨右档上珠离梁，如图9-6所示。

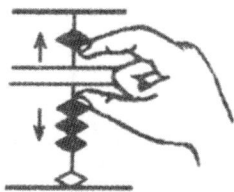

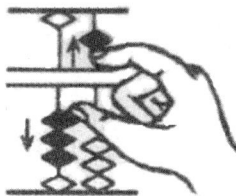

图9-5　同档双分　　　　　　　　　　　　　图9-6　左右档双分

（3）双上（下珠靠梁同时上珠离梁）

1）同档双上。拇指拨下珠靠梁的同时，食指拨同档上珠离梁，如图9-7所示。

2）左右档双上。拇指拨左档下珠靠梁的同时，食指拨右档上珠离梁，如图9-8所示。

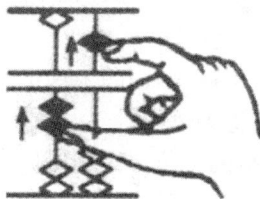

图9-7　同档双上　　　　　　　　　　　　　图9-8　左右档双上

（4）双下（下珠离梁同时上珠靠梁）

1）同档双下。拇指拨下珠离梁的同时，食指拨同档上珠靠梁，如图9-9所示。

2）左右档双下。拇指拨左档下珠离梁的同时，食指拨右档上珠靠梁，如图9-10所示。

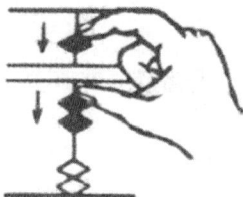

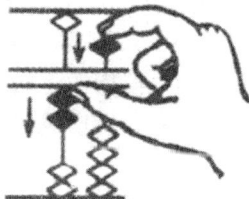

图9-9　同档双下　　　　　　　　　　　　　图9-10　左右档双下

（5）扭进

拇指拨左档下珠靠梁的同时，食指拨右档下珠离梁，如图9-11所示。

（6）扭退

食指拨左档下珠离梁的同时，拇指拨右档下珠靠梁，如图9-12所示。

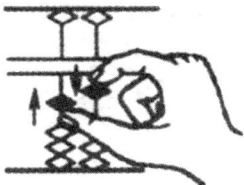

图9-11　扭进

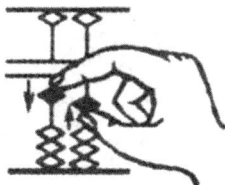

图9-12　扭退

2. 三指联拨

三指联拨是指用右手的拇指、食指和中指拨珠，无名指和小指自然弯曲。

（1）拇指和中指联拨

1）双合（上、下珠同时靠梁）。

① 同档双合，拇指拨下珠靠梁的同时，中指拨同档上珠靠梁，如图9-13所示。

② 左右档双合。拇指拨左档下珠靠梁的同时，中指拨右档上珠靠梁，如图9-14所示。

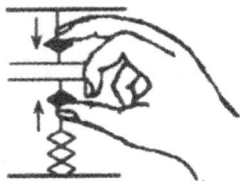

图9-13　同档双合

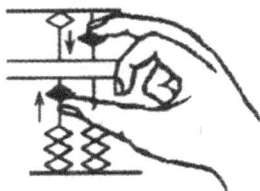

图9-14　左右档双合

2）双分（上、下珠同时离梁）。

① 同档双分。拇指拨下珠离梁的同时，中指拨同档上珠离梁，如图9-15所示。

② 左右档双分。拇指拨左档下珠离梁的同时，中指拨右档上珠离梁，如图9-16所示。

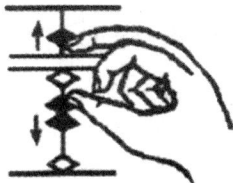

图9-15　同档双分

图9-16　左右档双分

3）双上（下珠靠梁同时上珠离梁）。

① 同档双上。拇指拨下珠靠梁的同时，中指拨同档上珠离梁，如图 9-17 所示。

② 左右档双上。拇指拨左档下珠靠梁的同时，中指拨右档上珠离梁，如图 9-18 所示。

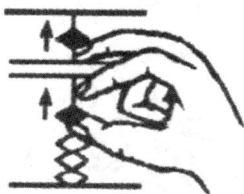

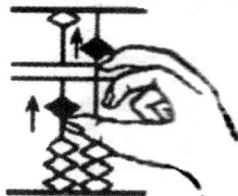

图 9-17　同档双上 　　　　　　　　　　　　图 9-18　左右档双上

4）双下（下珠离梁同时上珠靠梁）。

① 同档双下。拇指拨下珠离梁的同时，中指拨同档上珠靠梁，如图 9-19 所示。

② 左右档双下。拇指拨左档下珠离梁的同时，中指拨右档上珠靠梁，如图 9-20 所示。

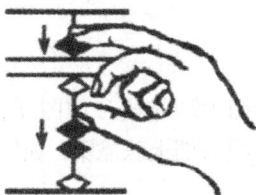

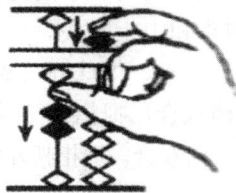

图 9-19　同档双下 　　　　　　　　　　　　图 9-20　左右档双下

（2）食指和中指联拨

1）双分（上、下珠同时离梁）。

① 同档双分。食指拨下珠离梁的同时，中指拨同档上珠离梁，如图 9-21 所示。

② 左右档双分。食指拨左档下珠离梁的同时，中指拨右档上珠离梁，如图 9-22 所示。

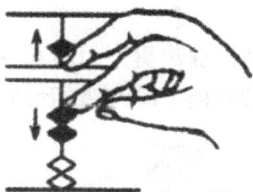

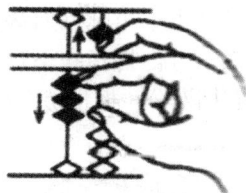

图 9-21　同档双分 　　　　　　　　　　　　图 9-22　左右档双分

2）双下（下珠离梁同时上珠靠梁）。

① 同档双下。食指拨下珠离梁的同时，中指拨同档上珠靠梁，如图 9-23 所示。

② 左右档双下。食指拨左档下珠离梁的同时，中指拨右档上珠靠梁，如图 9-24 所示。

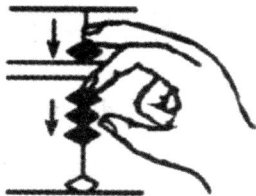

图 9-23　同档双下

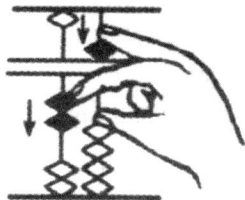

图 9-24　左右档双下

（3）拇指、中指和食指三指联拨

1）三指进（左档下珠靠梁同时右档上、下珠离梁）。拇指拨左档下珠靠梁的同时，食指、中指拨右档上、下珠离梁，如图 9-25 所示。

2）三指退（左档下珠离梁同时右档上、下珠靠梁）。食指拨左档下珠离梁的同时，拇指、中指拨右档上、下珠靠梁，如图 9-26 所示。

图 9-25　三指进

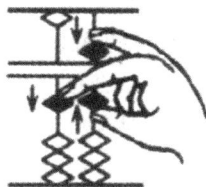

图 9-26　三指退

第二节　珠算加减法

珠算加减法是珠算计算的基础，在实际工作中应用十分广泛。珠算加减法运算顺序一般由左向右，从高位算起。

一、补数与凑数

1）两个数字的和为 10^n（n 为自然数）时，这两个数互为补数，其中一个数称为另一个数的补数。如：

$$\frac{1}{9} > 10 \qquad \frac{2}{8} > 10 \qquad \frac{3}{7} > 10 \qquad \frac{4}{6} > 10 \qquad \frac{5}{5} > 10$$

2）两个数字之和为 5 时，这两个数互为凑数，其中一个数称为另一个数的凑数。如：

$$\frac{1}{4} > 5 \qquad\qquad \frac{2}{3} > 5$$

二、基本加法

1. 加法运算的基本法则

数位对齐，同位相加，满五下一，满十进一。运算顺序一般由高位算起。

2. 无口诀加法

（1）直加

直加是指在同一数位上两数相加，只需拨动本档的上珠或下珠，或上、下珠同时靠梁的加法。

要领：眼看加数本档要加几就拨几颗外珠靠梁。如：351＋436＝787。

（2）补五加

补五加是指在同一数位上两数相加，如果两个加数都小于 5，而它们的和等于或大于 5 的加法。

要领：拨入上珠 5，拨去加数的凑数。如：4 323＋1 243＝5 566。

（3）进一加

进一加是指在同一数位上两数相加，其和满 10 的加法。

要领：减去加数的补数，向左一档进一。如：7 698＋8 967＝16 665。

（4）破五进一加

破五进一加是指在同一数位上两数相加，其和是满 10 去 5 的加法。

要领：拨入下珠 0～4，拨去上珠 5，向左一档进一。如：7 586＋6 957＝14 543。

三、基本减法

1. 减法运算的基本法则

位数对齐，同位相减，不够退位。运算顺序一般由高位算起。

2. 无口诀减法

（1）直减

直减是指同一数位上两数相减只需拨动本档上珠或下珠，或上、下珠离开横梁的减法。

要领：眼看减数本档要减几就拨几颗内珠离梁。如：8 796－5 245＝3 551。

（2）破五减

破五减是指本档被减数下珠不够减，要拨去上珠，同时把多拨去的数用下珠补上的减法。

要领：拨入减数的凑数，拨去上珠 5。如：7 658－4 538＝3 120。

（3）退一减

退一减是指本档被减数不够减，须向左边一档借一，把差数加在本档上的减法。

要领：左一档退一，本档加上减数的补数。如：13 210－9 877＝3 333。

（4）退一还五减

退一还五减是指本档不够减，向左一档借一当十相减后所差的数与本档被减数相加，满五或大于五时要拨上一颗上珠，同时要把多加的数从下珠中拨去的减法。

要领：左一档退一，本档拨入上珠 5，拨去下珠 0～4。如：21 342－5 676＝15 666。

四、快捷加减法

（一）一目三行加法

一目三行加法是指三笔数相加时，逐位竖看三行，用心算计算出同数位上三个数码的和，依次拨入算盘的加法。当计算三笔数之和时，可以是三笔数从高位依次到低位，也可以是从低位依次到高位，边逐位心算出同位上的数码之和，边将"逐位和"拨入算盘中对应档。

一目三行加法中，三个同位数字和可分是以下几种情况：

1）三个数码数字相同，则以一个数乘 3 求得。

2）三个数是连续数码，则以中间数乘 3 求得。

3）三个数码成等差数列排列，则用中间数乘 3 求得。

4）三个数有两个相同，则用该数乘 2 再加第三个数求得。

5）三个数有两个数互补，则用 10 加第三个数求得。

如：算式	心算	珠算结果
6 394 587		
182 049		
8 273 190	14 849 826	14 849 826
12 637 985		
29 103		
18 420	12 685 508	27 535 334
87 231 064		
2 715		
4 736 950	91 970 729	119 506 063
165 403		
8 564		
915 786	1 089 753	120 595 816
7 834		
15 403 629		
59 076	15 470 539	136 066 355

（二）一目三行弃九法

一目三行弃九法是指三笔数字相加时，先在其最高位和上加 1，并拨入算盘相应档中，再从次位数起，逐位从每个数位上的三个数码之和中减去 9，并将差拨入算盘相应档中，最后从末位数位上的三个数码之和中减去 10，并将差拨入算盘相应档中的加法。

一目三行弃九法运算规则：从高位算起，首位和加一，中间和弃九，末位和弃十；够弃入差，不够弃前位退 1 入差。

【例 9-1】1 918

        45 273

+   2 011

        49 202

运算步骤如下。

1）万位加 1，则万位上的和为 5。

2）千位弃 9，不够弃，则万位退 10 加 8 减 9，得 9。

3）百位弃 9，则百位上的和为 2。

4）十位弃 9，则十位上的和为 0。

5）个位弃 10，则个位上的和为 2。

（三）穿梭法（来回加减法）

穿梭法是指第一笔是从左到右依次置入算盘，第二笔是从右到左依次置入算盘，第三笔又是从左到右依次拨入算盘……以此类推，直至计算结束的运算方法，这种方法能够减少手势来回空运动的时间。应用此法，若能倒记数，运算效果会更佳。

如例 9-1 中：

第一笔：1 918

        →

第二笔：45 273

           ←

第三笔：2 011

        →

同样得到：49 202

（四）加减混合法

加减混合运算的方法有以下两种。

1. 正负数相抵法

正负数相抵法适用于一目两行的计算。

【例 9-2】2 020

   −1 919

       101

运算步骤如下。

1）千位 2 减 1 得 1。

2）百位 0 减 9 不够，千位退 10 减 9 得 1。

3）十位 2 减 1 得 1。

4）个位 0 减 9 不够，十位退 10 减 9 得 1。

2．两加一冲减法

两加一冲减法常用于一目三行的计算。

【例9-3】　　1 223 018

　　　　　　　−658 709

　　　　　　　<u>＋　 7 890</u>

　　　　　　　　 572 199

运算步骤如下。

1）百万位 1 减 0 得 1。

2）十万位 12 减 6 得 6（10＋2−6）。

3）万位 12 减 5 得 7（10＋2−5）。

4）千位 10 减 8 得 2（3＋7−8）。

5）百位 8 减 7 得 1（0＋8−7）。

6）十位 10 减 0 进 1 还 0（1＋9−0）。

7）个位 18 减 9 得 9。

第三节　珠算技术及其运用

实际工作中，会计的日常业务核算、传票加计、账簿金额、统计报表汇算等经济业务都涉及对数据的计算，并且计算速度要求和计算结果的准确直接影响业务活动的及时性和可靠性。即使在计算机已较为普及的情况下，算盘对传票、账表的加计核算仍为最广泛、普遍采用的种方法。

一、翻打百张传票

会计凭证也称会计单据、传票，"翻打传票"是财会、金融工作的基本功，也是珠算发挥作用的最佳方式之一。

（一）传票的种类和规格

1）传票的种类一般有两种：一种是订本式，传票的左上角为固定点装订成册；另一种是活页式。

2）比赛用传票的规格一般采用 60 克/厘米^{2}的纸，长 19 厘米，宽 9 厘米，4 号字手写体印制。每本传票 100 页，每页 5 行数字，每行数码前印有行次，各行数字下加横线，其中第二、四行为粗线。每笔最多为 7 位数，最少为 4 位数，每行从 1～100 页共为 550 个数码。页码用阿拉伯数字标明印在右上角，如图 9-27 所示。

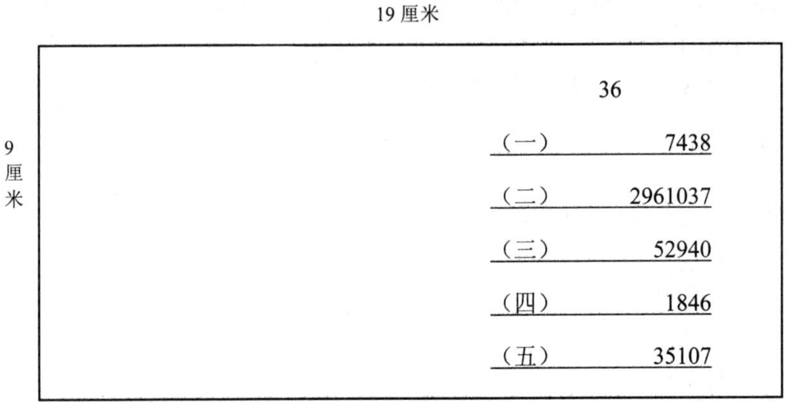

19 厘米

		36
	（一）	7438
	（二）	2961037
	（三）	52940
	（四）	1846
	（五）	35107

9厘米

图 9-27　传票

（二）传票的检查和整理

1）检查传票的完整与清晰，防止漏页、缺页、重页等，还要检查印刷是否清晰，发现问题及时处理。

2）运算前应将传票捻成扇面形状。扇面不宜过大，必须是封面向下突出，封底向上突出，便于翻页，然后用夹子夹住传票的左上角，使扇形固定。

（三）传票的翻页与打法

传票的翻页可分为一次一页翻和一次两页翻；传票的打法可分为传统打法和来回打法。

1. 一次一页翻的传统打法

左手小指、无名指和中指放在传票封面的左下方，食指、拇指放在每题的起始页，当右手将传票起始页的数据拨入算盘还剩两个数码时，左手拇指将掀起，并用食指和中指夹住，即可拨入下一页的数据。这样左手拇指将传票一页一页地翻，右手将每页的数据拨入算盘，同时默记翻过的页数，直至结束。

2. 一次一页翻的来回打法

是将第一页的数字从左到右拨入算盘，翻到第二页时，是将数字从右到左拨入算盘，这样依次一页页往返来回打的方法就叫一次一页翻的来回打法。其优点是往返打，减少手势来回空运动的时间，提高了运算速度。

3. 一次两页翻的打法

运算时一次翻起两页传票，并将两页同行数码用心算相加后一次拨入算盘的方法叫一次两页翻的打法。方法是：将左手小指、无名指放在传票封面的左下方，中指、食指和拇指放在每题的起始页。先用拇指翻起始页，用中指和食指夹住，拇指再翻起下一页，翻起的高度以能看清两页数字为准。用心算出两页同行数字之和将其拨入算盘，当和数的最后两个数码即将拨入算盘时，便将此两页掀起夹在中指和无名指之间，拇指翻起下两页继续，这样重复翻页、拨入。为不多翻或少翻页数，每掀动一次，默数一个数，直至结束。

二、账表算法

账表算类似会计"试算平衡表"和"多栏式明细账"。

（一）账表算的格式

账表由 5 列、20 行组成，纵向 5 题，横行 20 题，每张账表都有 4 个减题，要求纵横轧平，结出总计数。账表中各行数字最多 8 位，最少 4 位。纵向每题 120 个数码，由 4～8 位各 4 笔组成；横行每题 30 个数码，由 4～8 位各 1 笔组成，如表 9-1 所示。

表 9-1　账表算的格式

题号	（一）	（二）	（三）	（四）	（五）	合计
1	1 306	24 095	794 386	2 368 759	51 824 607	
2	90 584	317 208	5 302 846	24 690 571	6 715	
3	736 021	4 192 635	62 859 403	8 173	57 049	
4	2 508 749	63 271 490	3 819	84 526	607 315	
5	70 625 493	5 718	19 625	385 402	2 830 514	
6	8 496	52 473	916 250	4 293 186	71 052 837	
7	63 415	869 504	4 206 493	83 061 725	7 291	
8	369 048	6 205 173	79 628 314	5 206	19 258	
9	2 910 463	39 621 548	5 847	−20 746	958 637	
10	81 074 695	7 462	69 253	930 258	3 248 751	
11	8 524	82 536	735 109	9 706 412	58 306 719	
12	18 496	215 037	6 258 413	27 384 695	7 091	
13	937 618	3 590 647	49 627 586	5 318	70 152	
14	9 406 385	81 746 295	4 153	61 304	−402 798	
15	85 307 291	4 968	52 416	−837 610	6 285 943	
16	7 293	70 285	368 405	6 103 749	58 102 694	
17	21 635	973 524	7 908 261	46 819 527	4 206	
18	501 472	8 409 726	38 159 426	1 758	−50 319	
19	7 938 162	19 574 302	8 506	83 492	647 150	
20	58 473 169	5 163	38 204	796 041	9 508 172	
合计						

（二）账表算的计算

账表算每表计 200 分。其中：纵向 5 题，每题 14 分，计 70 分；横行 20 题，每题 4 分，计 80 分；纵横轧平总数正确 50 分。

（三）账表算的查错

账表算出现差错的原因一般有以下几种。

1）拨珠不实，出现多拨或少拨。

2）看题错，包括漏、重、颠倒、串行、串档等。

3）笔误错。

第四节　珠算乘法

一、乘积定位

数的位数分为正位数、负位数和零位数。

正位数，即某数的整数部分的位数，用符号"＋"表示。如：7 800 是＋4 位，90.6 是＋2 位。

负位数，即某数的整数部分为零，小数点到第一位非零数字之间零的个数，用符号"－"表示。如：0.05 是－1 位，0.00103 是－2 位。

零位数，即某数的整数部分为零，小数点到第一位非零数字之间无零的数，用符号"0"表示。如：0.29 是 0 位。

算盘上没有固定的个位，又是用空档表示"0"，所以定位很重要。

1. 公式定位法

$$积的位数＝M＋N$$

或

$$积的位数＝M＋N－1$$

其中，M 代表被乘数的位数，N 代表乘数的位数。

一般来说，乘数与被乘数的首位数字相乘有进位时，或者后位有连续进位到最高位时，积的位数为"M＋N"，无进位时积的位数为"M＋N－1"。

2. 固定个位档定位法

固定个位档定位法是一种算前定位法，也叫固定点定位法，具体操作如下。

1）选算盘上适当的档位作为固定个位档，即积的个位。

2）改变被乘数（实数）的落盘位数，即以实数两位数相加 M＋N（如采用隔位乘法则为 M＋N－1）所得位数作为实数新的位数，以个位为准拨入盘内。

3）运算完毕，其固定个位即为积的个位。

二、基本乘法

基本乘法是利用乘法九九口诀来运算的。

1. 前乘法

前乘法，也叫上乘、巅乘或逆乘，是指在乘法运算时从被乘数的首位起至末位分别依次与乘数的首位至末位相乘，以被乘数的位置改变算珠得出积数的乘法。

前乘法包括空盘前乘、前乘、空盘乘。

（1）空盘前乘（公式定位法）

空盘前乘是指在乘法运算时，被乘数和乘数均不拨入算盘，而是照题目做乘法运算，边算边把部分积累加在算盘对应档上。

空盘前乘的计算顺序一般是先用被乘数的首位数与乘数的首位数至末位数逐位相乘，从算盘左第一档起算，把各乘积逐次拨入算盘上，再用被乘数的次位数与乘数的首位数至末位数逐位相乘，从算盘左第二档起算，把各乘积逐位拨入算盘上，其他各位数字以此类推，直至计算完成。

【例9-4】391×2＝782

第一步：先确定积的个位档，M＋N＝＋3＋1＝＋4，被乘数的首位与乘数的首位数相乘，积的十位数在＋4位置入。

第二步：乘数2乘以被乘数的首位3，二三06，乘积的十位在算盘的＋4档置入。食指指在个位档，本次乘积的个位是下一次乘积的十位。

第三步：乘数2乘以被乘数的次位9，二九18，乘积的十位在手指所在的档置入，个位在右一档置入。

第四步：乘数2乘以被乘数的末位1，二一02，乘积的个位在手指所在档的右一档置入。

第五步：书写答案782。

【例9-5】27.06×0.04＝1.0824

第一步：先确定积的个位档，M＋N＝＋2＋（－1）＝＋1，被乘数的首位与乘数的首位数相乘，积的十位数从＋1位置入。

第二步：乘数4乘以被乘数的首位2，四二08，乘积的十位在算盘的＋1档置入。食指指在个位档，本次乘积的个位是下一次乘积的十位。

第三步：乘数4依次乘以被乘数的次位数至末位数7、0、6，乘积的十位在手指所在的档置入，个位在右一档置入，以此类推。

第四步：书写答案1.0824。

（2）前乘法（固定个位档定位法）

这种定位方法属于算前定位法，被乘数首位数与乘数首位数乘积的十位在M＋N档置入，个位在右一档置入，运算完成后积的个位就在确定的个位档上。

【例9-6】 475×36＝17 100

第一步：先确定积的个位档，M＋N＝＋3＋2＝＋5，被乘数的首位与乘数的首位数相乘，积的十位数在＋5位置入。

第二步：被乘数的首位数4与乘数36逐位相乘，四三12，四六24。首次乘积的十位数在＋5位置入，个位在十位的右一档置入。食指指在个位档，本次乘积的个位是下一次乘积的十位。

第三步：被乘数次位数 7 与乘数 36 逐位相乘，七三 21，七六 42。首次乘积的十位数在手指处置入，个位在十位的右一档置入。食指指在个位档，本次乘积的个位是下一次乘积的十位。

第四步：被乘数末位数 5 与乘数 36 逐位相乘，五三 15，五六 30。首次乘积的十位数在手指处置入，个位在十位的右一档置入。

第五步：书写答案 17 100。

2. 后乘法

后乘法即从被乘数末位数起同乘数首位数至末位数依次相乘的方法。

后乘法按积的位置分为隔位乘法和不隔位乘法。包括留头乘、破头乘、隔位乘、掉头乘、扒皮法、补数乘等。本书只介绍破头乘法。

破头乘法是指将被乘数、乘数分别置于算盘左、右两端，从被乘数的末位数起，同乘数首位至末位依次相乘。

（1）隔位破头乘法

隔位破头乘法，开始时不破去被乘数本位，将首码积置在被乘数后，乘完本轮积后，再将实施乘的数拨去。此法又称：隔位后乘法、隔位头乘法。

隔位破头乘法的运算法则：

1）置数与定位，将被乘数置于算盘左端（一般从左起第一档置入），默记乘数（或置入算盘右端），运算完后，运用公式法定位。

2）运算顺序，以乘数的首位至末位依次与被乘数的末位至首位相乘。

3）乘积的记法，乘数是第几位，乘积的十位数就放在被乘数本位右边第几档上。

【例 9-7】 $386 \times 57 = 22\,002$

$$
\begin{array}{r}
300 \ldots\ldots\ 6\times50 \\
42 \ldots\ldots\ 6\times7 \\
\hline
4000 \ldots\ldots\ 80\times50 \\
560 \ldots\ldots\ 80\times7 \\
15000 \ldots\ldots\ 300\times50 \\
2100 \ldots\ldots\ 300\times7 \\
\hline
22002
\end{array}
$$

（2）不隔位破头乘法

不隔位破头乘法也称头乘法、变头乘、当头乘、仙人脱衣法等，是指在被乘数与乘数各位数码相乘时，将被乘数中实施乘的那个数破去变为乘得的第一位积。

不隔位破头乘法的运算法则：

1）置数与定位，将被乘数置于算盘左端（一般从左起第一档置入），默记乘数（或置入算盘右端），运算完后，运用公式法定位。

2）运算顺序，以乘数的首位至末位依次与被乘数的末位至首位相乘。

3）乘积的记法，乘数是第几位，乘积的个位数就放在被乘数本位右边第几档上。

三、简捷乘法

1. 来回乘

来回乘是空盘前乘和空盘后乘的结合运算，是来回双向乘法加积入盘的一种简易乘法。

来回乘运算原理与来回加减法的运算顺序相同，先从高位往低位乘，再从低位往高位乘，一定要注意指不离档，从高位算起，要指在个位上，从低位算起，要指在十位上，加积要先加十位再加个位。

由于来回加积，减少手势来回空运动的时间，大大提高了运算速度，实践中被广泛应用。

2. 省乘法

在多位小数乘法运算中，由于小数的位数多，计算工作量大，实际又不需要很多位小数，按精确度要求保留，其余四舍五入。省乘法就是在不影响精确度的情况下，省略一部分运算步骤的一种简捷运算法。

3. 跟踪乘

跟踪乘是指乘算因数中相邻数字相同或近似，或者两数和为九，利用先乘之积加在相应的档上的方法。跟踪乘运算方法分为"移积加"和"移积减"。

4. 滚乘法

滚乘法是指在连乘带加的运算中，将几笔乘积直接累加、结记的方法。减少逐笔置数、记积、清盘的步骤，提高计算速度的一种方法。

第五节　珠　算　除　法

一、商的定位法

（一）公式定位法

$$商的位数＝M－N$$

或

$$商的位数＝M－N＋1$$

其中 M 代表被除数的位数，N 代表除数的位数。

一般来说，当被除数的首位数字（指有效数字，下同）。大于或等于除数首位数字时，商的位数为"M－N＋1"；当被除数的首位数字小于除数首位数字时，商的位数为"M－N"。

（二）固定个位档定位法

固定个位档定位法是一种算前定位法，也叫固定点定位法，具体操作如下。

1）在算盘上选定适当的档位作为固定个位档，即商的个位。

2）当被除数的首位数字小于除数首位数字时，以公式 M－N 位档起置被除数，当被除数的首位数字大于或等于除数首位数字时，以公式 M－N＋1 位档起置被除数。

3）运算完毕，其固定个位即为商的个位。

二、商除法

商除法是一种古老的求商法，它是根据除法笔算原理，结合算珠特点的综合运算过程。方法简单，容易掌握，运算方便，是珠算除法中使用较为普遍的一种。因立商位置的不同，商除法又分为隔位除和不隔位除法。

（一）商除法运算法则

1）置数。被除数置于算盘右边适当的位置，除数默记（或置入算盘左端）。

2）立商位置。够除隔位商，不够除挨位商。

被除数与除数同位数相比，大于等于除数的（够除），隔位置商，即在被除数首位数的前二档置商；小于除数的（不够除），则挨位置商，即在被除数首位数的前一档置商。

3）估商。在被除数的首位或前两位与除数首位的比较中确定被除数是除数的几倍就上几。

4）减乘积。商与除数首位数相乘的积，其十位数从商的右一档减起，个位从右二档减起，除数位次每右移一档，其减积档次也右移一档，除数是第几位，与商乘积的十位数就在商右边的第几档减，上次减积的个位是本次减积的十位，依次运算，直至结束。

（二）一位数除法

一位数除法是多位数除法的基础。运算时，将商与除数的乘积依次从高位到低位轮减。减积时，如遇积的十位为 0，要占一位，以免错档。

【例 9-8】 83 406÷3＝27 802

第一步：置数，将被除数的首位从算盘左边第三档开始置入，除数默记。

第二步：估商，用被除数的首位 8 与除数 3 进行比较，商数为 2。

第三步：立商，够除隔位商，即在被除数首位数的前二档置商 2。

第四步：减乘积，从被除数中减去除数 3 与商数 2 的乘积，三二 06，乘积的十位从商数的右一档开始减。食指指在个位，本次减乘积的个位是下次减乘积的十位。

第五步：用新的被除数 23 406 与除数 3 估商，商数分别为 7，三七 21；8，三八 24。不够除挨位商 7、8。减乘积，乘积的十位从商数的右一档开始减。食指指在个位，本次减乘积的个位是下次减乘积的十位。

第六步：积的十位为 0，占一位。个位 6 与除数 3 估商，商数为 2。三二 06，乘积的十位从商数的右一档开始减。

第七步：定位，M－N＋1＝5－1＋1＝＋5。

第八步：书写答案 27 802。

（三）多位数除法

多位数除法与一位数除法的原理基本相同。不同的是估商时，不能只看除数的首位，要同时顾及后面几位；减积时，要减商与除数各位数字相乘的积。

【例 9-9】 1 728÷48＝36

第一步：置数，将被除数的首位从算盘左边第三档开始置入，除数默记。

第二步：估商，用被除数的首位及次位数 172 与除数 48 进行比较，商数为 3。

第三步：立商，不够除挨位商，即在被除数首位数的前一档置商。

第四步：减乘积，从被除数当中减去除数 48 与商数 3 的乘积，四三 12，八三 24，乘积的十位从商数的右一档开始减。食指指在个位，本次减乘积的个位是下次减乘积的十位。（余数 28 小于除数 48，说明商数 3 是正确的）

第五步：用新的被除数 288 与除数 48 估商，商数为 6，四六 24，八六 48。从被除数当中减去除数 48 与商数 6 的乘积，乘积的十位从商数的右一档开始减。

第六步：定位，M－N＝4－2＝＋2。

第七步：书写答案 36。

三、归除法

归除法是比较古老的以口诀求商的除法运算方法。

传统九归口诀表：

一归（用 1 除）：逢一进一，逢二进二，逢三进三，逢四进四，逢五进五，逢六进六，逢七进七，逢八进八，逢九进九。

二归（用 2 除）：逢二进一，逢四进二，逢六进三，逢八进四，二一添作五。

三归（用 3 除）：逢三进一，逢六进二，逢九进三，三一三余一，三二六余二。

四归（用 4 除）：逢四进一，逢八进二，四一二余二，四二添作五，四三七余二。

五归（用 5 除）：逢五进一，五一添作二，五二添作四，五三添作六，五四添作八。

六归（用 6 除）：逢六进一，逢十二进二，六一下加四，六二三余二，六三添作五，六四六余四，六五八余二。

七归（用 7 除）：逢七进一，逢十四进二，七一下加三，七二下加六，七三四余二，七四五余五，七五七余一，七六八余四。

八归（用 8 除）：逢八进一，八一下加二，八二下加四，八三下加六，八四添作五，八五六余二，八六七余四，八七八余六。

九归（用 9 除）：逢九进一，九一下加一，九二下加二，九三下加三，九四下加四，九五下加五，九六下加六，九七下加七，九八下加八。

四、省除法

在多位数除法运算中，由于位数多，计算工作量大，实际又不需要这么多位，按精确度要求保留，其余四舍五入。省除法就是在不影响精确度的情况下，省略一部分运算步骤的一种简捷的运算法。

练 习 题

1. 基本加减法训练

一	二	三	四	五
608	936	409 857	694 735	370 492
1 394	5 306	74 283	−36 472	2 741
803 927	718 609	3 092	7 903	694
9 708	48 517	482	−618	−20 413
419	4 208	39 014	573	306
28 406	924	9 172	4 701	−859
759	4 253	583	−190	639 518
9 163	392	1 836	8 293	−196
74 385	28 960	592	−93 507	8 705
801	510	462	816	46 527
182 573	8 194	501 374	2 903	719
9 304	617	605	840	−3 780
625	736 485	9 807	−5 284	503
1 524	170	615	260	8 625
256	6 273	1 596	514 826	7 142

一	二	三	四	五
417	158	914 583	951 073	735 160
2 639	4 807	162	−52 746	−95 364
714 805	2 630	83 516	629 314	5 308
96 380	7 048	593	6 481	795 146
704	514 830	6 205	5 408	264
2 958	496	537	−30 948	−85 927
815	14 253	60 829	8 290	4 163
374 281	39 628	9 470	−201	−702
8 539	703	628	2 637	849
7 306	194 628	507 462	518	−416
619	739	8 309	962	729
251	9 601	241	−5 738	2 801
4 602	715	7 314	370	472
607	5 962	847	−916	−1 803
31 495	517	9 072	735	9 085

一	二	三	四	五
761	614	403 625	382 406	905 172
802	83 640	739	−8 691	8 625
253 940	5 716	27 508	6 495	−10 736
182	9 263	381	3 847	390
62 514	705 869	3 516	213	6 184
7 049	829	517	1 608	−3 825
16 273	3 941	1 746	−14 253	169
7 938	908	927	419	8 041
5 304	82 705	402	−584	−408
801 527	613	9 618	370	309
9 416	9 307	75 869	−72 096	−25 964
350	4 250	9 503	592	7 938
4 695	284	840	968 725	−917
526	715 248	9 204	5 270	462 573
583	351	472 691	−403	742

一	二	三	四	五
901	7 390	574 261	937 582	352 619
374 152	806	192	39 251	7 305
4 917	196 425	4 253	−53 142	−42 163
639	3 618	8 016	5 309	8 261
13 284	694	627	−918	−519
907	58 473	38 590	47 183	627
8 260	3 142	2 649	246	610 274
71 926	9 028	718	3 107	−59 740
185	27 104	6 807	−73 820	906
4 736	3 705	947 250	−901	258
7 061	816	195	152 730	−820
753	895 427	8 753	−7 495	180 624
708 362	916	30 184	9 174	938
9 374	375	429	869	−6 837
603	590	704	106	951

2. 账表算训练

题号	(一)	(二)	(三)	(四)	(五)	合计
1	2 508	17 492	316 075	2 739 481	74 836 950	
2	91 374	360 285	1 825 697	74 596 103	2 048	
3	182 630	2 948 371	57 928 406	7 350	95 614	
4	2 583 647	60 495 718	1 629	47 058	107 392	
5	68 350 479	8 395	58 172	240 816	6 241 703	
6	5 973	62 104	470 859	3 062 815	19 263 847	
7	73 162	513 740	6 428 391	52 604 829	7 051	

续表

题号	（一）	（二）	（三）	（四）	（五）	合计
8	604 251	1 849 273	26 071 938	4 958	−27 516	
9	1 908 475	83 195 726	8 410	30 962	463 725	
10	84 273 516	4 201	28 695	−907 364	3 847 529	
11	4 908	82 647	901 573	9 635 182	82 735 604	
12	62 837	316 905	6 142 957	52 048 371	8 490	
13	810 594	7 148 269	70 596 384	3 025	36 271	
14	3 647 152	94 807 536	7 102	19 857	−486 903	
15	25 374 869	1 369	15 293	628 470	1 025 847	
16	9 031	84 752	740 536	2 619 804	53 691 728	
17	85 273	608 214	1 796 403	63 728 415	5 109	
18	413 906	2 401 586	38 516 927	7 908	25 374	
19	6 072 584	52 749 361	4 725	−90 813	968 031	
20	19 637 582	8 053	74 918	614 209	2 530 746	
合计						

题号	（一）	（二）	（三）	（四）	（五）	合计
1	5 716	48 526	736 201	4 203 586	36 271 490	
2	75 049	284 503	2 805 749	52 849 063	5 718	
3	607 153	4 293 816	60 725 493	3 918	42 573	
4	3 820 514	63 081 725	9 486	91 625	968 504	
5	51 072 837	2 506	36 415	619 250	5 206 173	
6	9 271	40 726	396 048	5 806 493	36 251 948	
7	19 258	920 368	2 091 463	69 728 314	6 472	
8	638 957	9 706 142	18 074 695	1 847	92 536	
9	3 582 741	38 274 695	8 514	−96 253	251 037	
10	58 603 719	3 518	81 496	375 109	6 950 374	
11	7 901	16 304	927 618	6 852 413	81 746 925	
12	51 072	738 610	8 406 395	48 271 596	4 938	
13	840 729	6 304 719	83 750 291	4 135	80 725	
14	5 826 493	48 619 527	9 273	42 516	−937 524	
15	59 102 684	5 718	26 135	-305 684	9 084 726	
16	2 406	48 293	510 472	7 906 281	69 473 502	
17	30 519	706 941	6 937 182	38 591 426	6 153	
18	614 750	5 736 829	85 741 639	5 806	−49 025	
19	8 509 172	62 940 571	3 106	28 304	302 718	
20	81 524 607	7 183	80 594	749 638	2 635 194	
合计						

3. 基本乘法训练

$1\ 058 \times 37 =$　　　$4\ 829 \times 16 =$　　　$1\ 350 \times 28 =$　　　$3\ 019 \times 29 =$

$3\ 608 \times 78 =$　　　$2\ 506 \times 94 =$　　　$485 \times 173 =$　　　$746 \times 518 =$

$317 \times 408 =$　　　$637 \times 395 =$　　　$79 \times 1\ 027 =$　　　$36 \times 5\ 486 =$

$61 \times 9\ 736 =$　　　$52 \times 2\ 749 =$　　　$27 \times 4\ 068 =$　　　$49 \times 5\ 102 =$

2 596×416＝　　　8 064×295＝　　　729×4035＝　　　148×4603＝

4．基本除法训练

5 202÷17＝　　　4 500÷36＝　　　55 680÷64＝　　　16 068÷52＝
20 898÷81＝　　　15 366÷78＝　　　25 286÷269＝　　　65 343÷947＝
27 432÷381＝　　　32 554÷397＝　　　41 831÷709＝　　　28 080÷468＝
52 152÷106＝　　　88 250÷125＝　　　39 468÷253＝　　　193 140÷580＝
280 247÷803＝　　207 966÷759＝　　149 568÷492＝　　206 896÷536＝

5．趣味运算训练

（1）三盘成

先拨入 123456789，见珠加珠，连加三次，然后在最后档上加 9，就可得 987654321。

（2）七盘成

先拨入 123456789，见档加档，连加七次，然后在最后档上加 9，就可得 987654321。

（3）加百子

从 1 起顺序加到 100 的和是 5050。

（4）七盘清

先拨入 987654321，连减七次 123456789，然后在最后档上减 9，就可得 123456789。

（5）减百子

在算盘上拨出 5050，从 1 起顺序减到 100，结果为 0。

特殊行业出纳岗位技法

10

出纳岗位是企业会计基础管理工作中一个极为重要的环节，其基本原理、操作程序等都基本相同，但由于各种不同行业生产经营对象和内容的不同，对现金收付及保管业务的具体方式和内容要求也就产生了一定的差异。在掌握出纳岗位基础知识和基本技能的前提下，熟悉掌握几种现金收付量较大、管理严格、规范的特殊行业的现金收付及保管业务，可以起到触类旁通、举一反三的作用，为适应各种不同企业的出纳岗位工作奠定坚实的基础。

知识目标

- 银行柜员制下出纳业务的基本技法。
- 超市收银员的基本技法。
- 餐厅收银员的基本技法。

能力目标

- 掌握银行柜员制下出纳员收付款业务的基本技法。
- 掌握超市收银员收付款业务的基本技法。
- 掌握餐厅收银员收付款业务的基本技法。

第一节　银行柜员制下出纳业务的基本技法

柜员制是指商业银行的临柜营业员在其业务范围和操作权限内，由单个柜员或多个柜员组合，为客户提供本外币储蓄、对公、信用卡、代理等业务的金融服务，并独立或共同承担相应责任及相关权限的一种岗位责任形式。

目前，大多数商业银行为达到高效、快捷、准确的服务效果，在办理临柜业务时都实行柜员制。在柜员制下的出纳业务就比传统的出纳专柜业务在操作上有所不同，传统的出纳专柜业务一般是双人临柜，收付分开，交叉复核；而柜员制下的出纳业务则多数是单人临柜，收付及复核都是一人完成，这就对临柜营业员办理出纳收付业务的素质和技能提出了更高的要求。

一、基本素质

1. 思想道德素质

良好的思想道德素养是银行从业人员的人格保证。银行是直接经营货币的金融机构，也是社会上一些不法分子窥视的地方，特别是出纳收付业务，整天要办理大量的现金收付及运送，对外要防范盗抢，对内要杜绝因蓄谋或一念之差而发生的贪污挪用等犯罪行为。对于这些可能出现的风险，除强化必要保卫措施和内部牵制制度外，更重要的环节还是要求银行从业人员必须具有良好的思想道德素养。只有具备遵纪守法、廉洁自律的思想道德品格，才能面对巨额的钞票不会产生非分之念。

2. 文化专业素养

随着现代高新科技在银行业的广泛应用，各种电子设备和网络技术不断取代传统的手工处理业务，点钞和鉴别假币机具的使用，在一定程度上弥补了手工和肉眼的不足，提高了收付款的效率及鉴别假币的准确度。要正确地掌握使用这些现代高科技术，并适应其日新月异的业务发展，要求银行从业人员必须具备经济（或金融）大专以上的学历，并具有银行从业资格证书、岗位培训合格证。

3. 服务礼仪素养

办理临柜业务的营业员，每天要面对众多的客户，处理各种纷繁复杂的具体业务，其自身礼仪素养的好坏，直接影响着企业的声誉。因此，礼仪素养的提高，一方面要靠认真执行行业的礼仪规范要求，另一方面则要求自我的不断修炼，只有在自信自立的心态下，树立爱岗敬业的思想，才能满怀信心地对客户展示出良好的服务心态，具体表现为：除着装统一，服务用语标准外，更重要的是要时刻保持不卑不亢、平易和蔼的仪态。当与客户发生争执时，应当保持有礼、有据、有节的态度处理，如错在自己则赔礼道歉，如错在客户则理解包容。

二、基本技法

1. 基本原则

1）收入现金应当先收款后记账；付出现金应当先记账，核对取款人有效证件后再付款。

2）收入的现金未经清点整理，不得对外付出；付出的现金必须符合中国人民银行规定的流通标准，即不得夹带有假币和残缺币，达到成把、成捆数额时，必须按把、按捆付出，把有名章，捆有封签。

3）对柜员制下柜员的现金箱，应设置最高限额，超过限额的现金应及时上缴入库。

4）收付和交接现金、实物，必须根据合法、有效的凭证和登记簿办理，当面点清，一笔一清。

5）办理出纳业务必须坚持"日清日结"，要进行账款核对，做到账款相符、账实相符、账账相符。

6）严格管理现金、实物、印章、库房钥匙及密码等，库房钥匙、密码必须分由两人管理，如有人员变动，应按交接制度办理交接手续。

7）不具备上岗资格的人员，不得对外办理现金收付业务。

8）坚持定期和不定期查库制度，做到账款相符。

9）严禁白条抵库和挪用库存现金。

2. 具体方法

（1）现金收付及整点

1）现金的收入。①收入现金坚持先收款后记账的原则，对照存款人填制的"现金缴款单"，当面点清，一笔一清；②收入现金应根据存款人填制的"现金缴款单"以及银行规定的其他专用凭证办理，作为记账凭证；③十万元以上（含）的现金收入，必须换人复核；④清点钞币时要看清票面，鉴别真伪，剔除不宜流通的钞币；⑤节假日收入的现金，均作为次日（遇节假日顺延）业务进行账务处理，作为当日其他暂收款项核算，所收的现金双人加锁入库保管。

2）现金的付出。①付出现金，坚持先记账，核对证件再付款的原则，根据取款人的取款凭据（支票、取款凭条等），当面点清，一笔一清；②十万元以上（含）的现金付出，必须换人复核；③付款时，必须向取款人问明取款金额后方可付款；④对二十万元以上（含）的现金支付应实行分级授权和双签制度，并按照规定进行登记和备案。

3）现金调剂：柜员之间调剂现金时，须经主管授权监交，柜员当面点清，交接清楚。

4）现金的整点。①收入的现金必须进行复点和整理，未经复点不得入库、对外支付和解缴中国人民银行发行库。从中国人民银行发行库调入的原封钞币，应核对箱、捆、把数，无误后方能办理调拨，经开封清点后方能对外支付；②整点现金必须坚持双人复核，做到点准、墩齐、挑净、扎紧、盖章清楚、封装严密；③纸币按券别平铺逐张整理，一百张为把，十把为捆，以双十字（#）捆扎；硬币百枚或五十枚为卷，十卷为捆。每把（卷）加经手人名章。每捆在捆扎绳头结扣处，粘贴同券别的封签，填明行名及营业部门名称、封捆日期，加盖封捆人与复核人名章；④整点现金时要按规定标准认真剔除禁止流通的人民币，杜绝假币和残缺币流入市。

5）现金结账。①中午休息应轧平账务并核对现金；营业终了，应轧平账务，双人复核，现金、实物入库（保险柜）保管；②按柜员钱箱分别设立带有券别明细的"库存现金明细登记簿"，并设立汇总的"库存现金明细登记簿"。营业终了，分别进行轧账，双人复核后，按币种登记"库存现金明细登记簿"及汇总"库存现金明细登记簿"。

（2）出纳交接

1）现金、有价证券、重要空白凭证、实物、金库（保险箱、钱箱）钥匙、印章等更换经管人员时，均须办理交接手续，必须将经办的一切账、款、实物按当日实有库存数如数办理交接，登记交接登记簿，交接双方及监交人签章备查，与有关账簿核对相符后，调离人员方可离岗。

2）现金岗位人员临时离岗或请假，应由现金主管人员批准，随时封箱上锁或与现金主管人员指定的人员办理交接手续，交接双方应按券别、金额等逐项当面交接清楚。

3）现金岗位人员调动工作时，须在现金主管的监交下办理交接。各级现金主管人员调动工作时，须在本机构主管行长（主任）的监交下办理交接，未办妥交接手续不得离职或接任。

4）现金岗位人员因岗位轮换、休假、外出等原因需要离岗时，钱箱必须交接。交接时要做到在现金主管的监督下，轧平账务，账实核对相符后，登记交接登记簿。

5）现金业务印章应编列序号，做到专章专用，专人负责，日常轮班时不办理交接，营业终了入库或保险箱保管。

（3）出纳差错

1）出纳差错是指在办理现金收付、整点、保管、调运和交接等业务过程中实际发生的长短款。

2）发生错款应及时查找原因进行处理，并区分差错性质按照重大事项报告管理规定逐级上报，不得隐瞒。在差错大于等于500元时，应报告上级行。

3）发生错款时，应在"长短款登记簿"上逐笔登记。当日难以处理，经上级主管部门批准后暂列"暂收（付）款项"科目核算。对确实无法挽回的错款，应在认真调查的基础上，分别不同性质区别处理。

（4）现金兑换与剔除

1）办理现金收付业务的营业机构要兑换残损人民币，兑换标准按照中国人民银行的规定办理。

2）办理现金收付业务的营业机构应办理票币兑换业务，坚持"先兑入、后兑出"的原则，兑入现金在兑换人离柜前不得与其他款项混淆。

3）营业机构在收付、整点人民币时，要随时挑出不宜流通的人民币。残损币及不宜流通的人民币要及时上缴。

（5）出纳机具管理

出纳工作中使用的点钞机、捆钞机、现钞清分机、防伪鉴别仪等机具，都要登记造册，建立使用保管制度，定期对机具进行检查、保养和维修，确保机具正常使用。

第二节　超市收银员的基本技法

自选式售货是超级市场经营的主要特色，顾客可以在商场内随意比较选购自己喜欢的商品，然后自己到出口处做一次总结付账。在此状态之下，收银作业便显得格外重要，成为超市作业管理中相当重要的一个环节。有的超级市场，往往将入口出口的收银处设置在同一区域，顾客一进入超市商场，看到的第一个工作人员就是收银员，等到顾客选购商品完毕后，来到的地方还是收银员的服务区，因此收银员的工作除了执行各项收银作业之外，也是超市的门面和亲善大使，其一举一动，都代表了这个超市的经营形象，因此，收银员业务技能的高低及服务质量的优劣，直接关系着企业和顾客的切身经济利益。基于这些原因，就对收银员的基本素质和技法提出了较高的要求。

一、基本素质

1. 思想道德素质

超市收银员良好的思想道德素养主要体现为：遵守国家法律、法规，遵守公平竞争、公平买卖的市场规则，讲求商业信誉，文明经商、爱岗敬业、热情服务、尽职尽责，维护企业和顾客的正当利益，严于律己、认真负责。

2. 文化专业素养

由于超市的经营特点，涉及名目繁多的商品及价格，收款业务不仅需要收银员能熟练地收取或找补现金，熟练地掌握收银机具的使用，还需应对好各种顾客。为适应这些超市收银业务特殊要求，收银员必须除具备高等职业技术院校以上的学历外，在上岗前还必须经过严格的技能培训。

3. 服务礼仪素养

仪表整洁、落落大方是超市收银员服务礼仪素养的基本要求。只有心中树立一个明确的服务理念——顾客是上帝，任何场合下，顾客都对的，我们的权利和义务，就是提供最佳的礼貌、殷切的服务，使顾客满意，才能为顾客提供优质一流的服务。具体体现为：服务态度热情温和，不卑不亢，服务用语标准，唱收、唱付、唱补准确，即应收顾客多少钱、顾客付了多少钱，应找补多少钱，都应当用标准的普通话准确无误地表达出来，让顾客听清楚。对于女收银员来说，衣着不可随意，在无统一着装的情况下，尽量穿着素雅大方的服装，以体现庄重；可略施淡妆；发式要简洁明快。

二、基本技法

1. 基本职责

1）提供准确快速的结账服务。

2）提供采买咨询服务。

3）现金及相关单据的保管。

4）出现异常情况时，确保身边的现金安全。

2. 基本守则

1）收银员身上不可携带私人现金。

2）收银台上不得放置任何与收银业务无关的私人物品。

3）收银员在收银台执行任务时，不得擅自离岗，确因工作需要离开时，应将钞币箱关好，摆出"暂停收银"标示牌，向顾客致歉。

4）收银员在工作时间不得嬉笑聊天，随时注意收银台前的动态，如有任何异常状况，应通知收银主管处理。

5）收银员在工作时应做到"三轻"，即轻说话、轻走路、轻操作。在这三点之中，尤其要注意轻操作，对商品的提、拿、放都要轻，避免商品损坏。

3. 具体的操作流程

（1）营业前

1）清洁、整理收银台和收银作业区的卫生。

2）整理补充收银台前货架内的商品，核对价目牌。

3）准备好一定数量的找补备用金（二十元以下票面的纸币与硬币）。

4）检验收银机具：①机具的各种装置是否正常；②机内的程序设定是否能正正常运行。

5）收银员服装仪容的检查。①着装是否整洁；②发型，仪容是否清爽整洁；③是否佩戴工作号牌。

6）熟记并确认当日特价商品、当日调价商品（作好记录，便于查找）。促销活动和重要商品所在区域。

（2）营业中

1）主动招呼顾客。

2）为顾客做结账服务，具体步骤如下。①面带微笑欢迎顾客，服务用语：您好！欢迎欢迎光临××超市！等待顾客将购物篮上的商品放到收银台上，将收银机的客显面向顾客。②登录商品：取出商品，确定该商品的售价及类别编号是否无误，将商品的类别编号或售价输入收银机，将已登录的商品与未登录的商品分开放置，仔细检查购物篮底部是否还留有商品未结。③结算出商品总金额并告知顾客，服务用语：您好！您购买的商品共计××元，顺手将空的购物篮从收银台上拿开，放在一旁。若无其他人协助入袋工作，可趁顾客取钱时，将商品放入袋中，后再收现金。④收取顾客支付金额。服务用语：收您现金××元。确认顾客支付金额，并检查是否有假钞或残缺币，如发现有不能收取的钞币，应当以和蔼的态度请顾客另付，如顾客态度强硬，不得与之发生争执，立即请求值班经理协助解决。⑤找补零钱。服务用语：补您××元。找出零钱，将大钞放下面，零币放上面，双手将现金边同发给顾客，如顾客要求对找补钞币的面额做调整，大换小或小换大，应当尽量满足其要求。⑥商品入袋。应当选择适合尺寸的购物袋，按不同特征和形状的商品分别开入袋。⑦与顾客道别。服务用语：谢谢！欢迎再次光临！一手提着购物袋交给顾客，另一手托着购物袋的底部，确定顾客拿稳后，才可将双手放开。

3）无顾客结账时：①整理及补充收银台各项必备物品；②兑换零钱；③整理顾客的退货；④擦拭收银柜台，整理环境；⑤处理顾客废弃收银联，保持收银台及周围环境的清洁。

（3）营业后

1）整理作废票据以及各种优惠券。

2）与财务结算营业总额。在前台系统"收款结账"中，打印出当日收银报表，连同当日收到的现金、赠券等如数缴送财务部。

3）整理收银台及周围环境。

4）关闭收银机电源并盖上防尘罩。

5）协助现场人员处理善后工作。

第三节 餐厅收银员的基本技法

随着社会经济的发展，人民的物质文化生活水平不断提高，旅游、社交等消费活动日渐频繁，从而推动了餐饮业的快速发展。餐厅服务是餐饮业的一项基本经营内容，主要形式有酒楼、饭馆（庄）、酒店宾馆附设餐厅等，所提供服务的档次、规格较高，从迎宾入座到上菜加酒，再到结账送客，每个环节都有着规范、严格的标准要求。餐厅收银员的工作就是与顾客结账，即结算并收取顾客所有消费项目的款项。这一工作虽然是餐厅服务的最后一个环节，但其服务质量的好坏却直接关系到企业与顾客的切身利益，因此，对餐厅收银员综合素质及技能的要求就高于餐厅的其他员工。

一、基本素质

1. 思想道德素质

餐厅收银员良好的思想道德素养主要体现为：遵纪守法、爱岗敬业、热情服务、尽职尽责，维护企业和顾客的正当利益，严于律己、认真负责。

2. 文化专业素养

由于餐厅的服务特点，涉及名目繁多的菜品、酒水及价格，收款业务不仅需要收银员能熟练地收取或找补现金，还要求熟练地掌握收款机具（如：POS 机、验钞机、发票机等）的使用，还需服务好各类顾客。因此，为适应这些餐厅收银业务特殊要求，收银员必须除具备高中或中等职业学校以上的学历外，在上岗前还必须经过严格的技能培训。

3. 服务礼仪素养

餐厅收银员的基本礼仪要求：一是体态优美，端庄典雅；二是修饰得体，衣着整洁美观；三是保持面部洁净及口腔卫生，女员工可以适度化妆；四是使用规范的服务用语，语意明确，语调柔和。

二、基本技法

1. 基本职责

1）严格执行财务及餐厅经理的工作指令，向其负责并报告工作。

2）熟练掌握各种菜品、酒水的价格，准确开列发票账单。

3）严格按照规章制度和工作流程进行业务操作。

4）保管好账单、发票，并按规定使用、登记。

5）熟悉掌握收款机具的操作技术，熟悉收款业务知识和服务规范。

6）熟悉餐厅优惠卡、优惠券、套餐券的使用规定，消费项目可打折范围和领导批免权限。

7）每天核对备用周转金，不得随意挪用、转借他人；对每天收入的现金必须做到日结日清，"长缴短补"，不得"以长补短"，发现长短款必须及时查明原因，及时向财务汇报，接受处理。

8）完成当班营业日报、财务报表，连同所收现金一并上交财务。

9）当班结束后，认真签阅交接班登记簿，及时交接当日营业款项、当班报表、账单，明确当天应处理的业务。

2. 具体的操作流程

（1）上岗前工作准备

1）上班前着装整齐（女员工略化淡妆），提前到岗。

2）早班收银员到前台领取备用金箱，打开清点里面的备用金、发票及各种票券。

3）查看交班表及各资料夹，了解各项通知内容、需跟进工作和注意事项。

4）查看是否需要领取账单、零钞、发票等是否足够，发现不足时应及时补充。

5）检查电脑、发票机、POS 机、验钞机等运作是否正常，如发现异常，应立即申请维修并更换备用设备。

6）清理工作台及周围环境。

（2）准备就绪，开始工作

1）验单：收到餐厅服务人员送来的点菜单、酒水单、海鲜单等，在入厨联和传菜联加盖"验单"章，留下收银联，其余各联退还给服务员。

2）根据单据上列明的客人消费项目录入电脑。

3）如有取消菜式的，审核取消单上的台号、时间是否正确，是否有经办人、餐厅部长及出品部人员签名，确认有关手续后，录入电脑进行冲减。

4）对散客的结账：①确认桌号或房间号，将服务员送回的点菜单顾客联与收银联核对，如有调整应立即询问服务员，确认所有消费项目录入无误后打印账单；②各种折扣和优惠方式按酒店有关规定执行；③将点菜单顾客联订在账单后面，由服务员交与客人结账；④按不同付款方式进行结账处理，将结账方式录入电脑，完成结账操作；⑤将找零、信用卡签购单持卡人联、账单顾客联等交服务员送回给客人；⑥如客人要求提供发票的，按规定填开发票，由服务员交给客人，并请服务员在收银账单上签名；⑦账单要按不同结账方式盖章，分类放好。

5）对团体宴会的结账。①收取宴会订金时，凭"订餐通知单"上注明的金额收取客人订金，开出的收据必须注明交款人姓名、订餐内容、时间，经办人的签名；收据盖章联交给客人，并说明退款或结账时必须交回收据；收据记账联连同现金一起交财务部；收取订金必须在"订金登记本"上作记录。②根据团体宴会通知单，在结账前把预订菜单录入电脑；如需增加消费项目的，则按散客方法处理。③结账时冲减订金。当天订金未上交的，收回的收据连同记账联订回存根处，注明"作废"字样，结账按正常程序处理；如订金已上交，必须把订金收据顾客联收回钉在账单上，订金部分按挂账处理。

（3）各种付款方式的处理

1）现金的处理。①收到服务员交来的现金时，要当面清点并检查钞票的真伪，按照消费金额进行多退少补，并在电脑中作现金结账处理；②客人支付外币的，先请客人到前台收银处兑换人民币，或应客人要求由服务员代为兑换；③将各种消费单据和账单钉在一起。

2）信用卡的处理。①确认信用卡为本酒店受理范围，并检查卡上日期是否过期，签名式样是否预先签署；②通过 POS 机进行消费操作，确保输入金额正确无误，并打印出签购单；③将签购单和账单一起交给服务员，请客人在签购单上签名确认；④服务员送回已签名的签购单后，检查签名是否和信用卡上的式样一致，确认无误后把签账单持卡人联和账单顾客联交给服务员送与客人；⑤将信用卡特约单位联与账单及其他消费单钉在一起，其余一联待下班后与现金一起放入缴款袋中。

3）房客签账（宾馆附设餐厅）的处理。①住店客人要求签账的，应先出示房卡。②在电脑中检查该客人是否可挂房账，如有疑问可询问前台收银员；若查实客人不可挂房账的，向服务员说明原因，并请其向客人解释。可挂房账的，打印出账单后，交给服务员请客人在账单上签上姓名和房号。③收回已签名的账单后，核对客人名字与房号是否和电脑记录的一致，确认无误后，选择挂房账方式进行结账处理。④把房卡交给服务员退还给客人。⑤在房账登记本上登记客人姓名、房号、消费金额、消费时间，账单首联在下班时送前台收银处，并请前台收银员在登记本上签收；其他消费单据钉在账单第二联后面交核数。

4）外客签账。①确认客人是否在酒店可挂账客户名单之内，消费金额是否在酒店规定的信用额度之内。②如属单位挂账，须告知服务员挂账单位授权签单人姓名；非挂账单位授权人签名挂单位账的，须持挂账单位临时书面授权书，收银员要检查消费金额是否在授权书消费限额内。③如属临时挂账客户（不在酒店可挂账客户名单之列），必须严格按照酒店关于挂账的规定执行，由有权限的管理人员提供书面同意或担保。④打印出账单后，交给服务员请客人在账单上签名并注明挂账单位名称；旅行团挂账的，只可由领队签名。⑤服务员交回已签名的账单后，收银员必须核对账单上的签名与客人预留签名是否相符。⑥账单首联和挂账授权书在下班时与现金一起放进缴款袋中；消费单据钉在账单第二联后面。

5）餐券的处理。①收取客人餐券时，先查看使用日期及种类，确认餐券是否为本酒店发放。②若消费金额未达到餐券面额的，不设找补；超过面额部分，请客人付账或按以其他方式记入客人账户。③收到的餐券应请经手服务员在背面签名确认并剪去右上角以示作废，餐券附在账单面上，消费单据订在账单后面。

（4）账单的处理

1）消费结账前，必须先打印账单。

2）顾客要求分单、转台的，收银员应先在电脑中进行分单、转台操作，再打印出账单。

3）如需取消账单重新打印的，必须在原账单上注明原因，并经餐厅部长以上人员签名确认。

4）每班账单编号必须连续，相关消费单据必须附在对应的账单后面，账单按不同结算方式分类整理。

（5）每班完结工作

1）收银员在下班时，应打印当收班银报表一式二份。

2）清点现金，核对信用卡、餐券、各种签账单与收银报表是否一致。

3）更正错账项目，每项更正必须详细注明原因，打印更正表并签名。

4）将现金及相关单据放入投款袋封好，其中包括：信用卡银行联、餐券、挂账签单首联，当班营业报表及更正表各一份，一并交财务。

5）按不同结算方式（现金、信用卡等）分类整理账单。

6）做好交接班工作，对重要事项一定要以书面形式交接，并提醒接班人员注意；下班前清理工作台的卫生。

7）通知保安员陪同按规定路线将款送至指定地点，按规定程序把投款袋投入前台专设保险柜中；备用金连同交班表一起放进小钱箱内送到前台保存；所有账单连同报表一起交财务或核数员审核。

（6）餐厅收银交接班程序

1）交班收银员应做工作。①按照规定格式逐项填写交班表；②填写"单据控制表"记录发票及各种票券的使用和结存情况；③退出电脑操作界面。

2）接班收银员应当按照交班表内容逐项交接，其中包括：①清点备用金；②对照"单据控制表"，清点结存发票及各种票券；③详细阅读"最新通知"及"需注意事项"，对不明之处询问交班收银员；④接班收银员在交班表上签名；⑤对于最新通知和需注意事项，交班收银员要在交班表上清楚注明，接班收银员要确保理解并及时处理；⑥在交接班过程中发现问题要及时向领导汇报，不得互相隐瞒；⑦夜班收银员下班后把填写好的交班表和备用金一起放进小钱箱，送到前台保管，第二天接班收银员上班时到前台领取小钱箱，当面打开清点箱里的备用金及各种票券，并详细阅读交班表。

练 习 题

一、简答题

1. 简述银行柜员制下出纳收付款的具体方法。
2. 简述超市收银员收款的基本技法。
3. 简述餐厅收银员收款的基本技法。

二、业务题

安排学生到对口的实习基地企业实训两周，结合所学知识写出实习报告。

综合技能 →

11

第十一章

　　企业出纳员的工作主要是从事与财务直接相关的货币资金管理及核算，但对于一些规模不大的中小企业，出纳员往往还要参与其他的工作，办理诸如企业工商营业执照的申请、纳税申报、开立银行账户等事务，如能对办理这些事务有一定的了解、掌握，可使自己较早熟悉企业的情况，尽快进入工作状态。

知识目标

- 企业营业执照的申报和年检。
- 纳税登记与申报。
- 银行账户的开立与日常事务。

能力目标

- 熟悉企业申报营业执照所需资料及流程。
- 熟悉企业营业执照年检所需提交资料及流程。
- 熟悉企业纳税登记需要准备的资料及流程。
- 熟悉企业纳税申报的内容。
- 熟悉企业开立银行账户的准备工作及流程。

第一节　营业执照的申报和年检

营业执照的申报是筹建企业的第一项重要的事务工作。筹建企业的设想一经确定，在经营项目、主要经营人员、资金来源及经营地点都基本落实之后，就是向经营场所所在地的工商行政管理局提交相关资料，申请办理核发工商营业执照。因此，必须根据拟筹建企业的性质，按照工商管理部门的要求及程序，提交相应的资料，核发工商营业执照。在企业运转后的规定时期内，提交所需资料，办理工商营业执照的年检。

筹建企业就是设立公司。根据《中华人民共和国公司法》（以下简称《公司法》）的规定，公司是指依照公司法设立的、由法定数额的股东所组成的企业法人。其应当具备以下几方面的基本特征。

1）公司是依照《公司法》设立的经济组织。

2）公司由法定数额的股东共同出资组成的营利性经济组织。

3）公司是具有法人资格的经济组织。法人是指具有民事权利能力和民事行为能力，依法享有民事权利和承担民事义务的组织。

按照在工商行政管理部门对企业登记注册的类型为依据，将企业登记注册类型分为以下几种。

1）内资企业，包括国有企业、集体企业、股份合作企业、联营企业、有限责任公司、股份有限公司、私营企业、其他企业。

2）外商投资企业，包括中外合资经营企业、中外合作经营企业。

3）外资独资企业，即外商投资股份有限公司。

本节拟通过重点介绍内资企业的有限责任公司的申报和年检，帮助学生初步掌握公司营业执照的申报、年检，从而触类旁通地了解对其他类型企业的办理方法。

有限责任公司是指根据《中华人民共和国公司登记管理条例》规定登记注册，由两个以上，五十个以下的股东共同出资，每个股东以其所认缴的出资额对公司承担有限责任，公司以其全部资产对其债务承担责任的经济组织。有限责任公司包括国有独资公司以及其他有限责任公司。独资公司是指国家授权的投资机构或者国家授权的部门单独投资设立的有限责任公司。其他有限责任公司是指国有独资公司以外的其他有限责任公司。

一、申报营业执照需要准备的资料

（一）所需文件

1）股东身份证复印件 5 份。

2）企业名称：提供 5 个，首选一个，其余备用。

3）法定代表人身份证复印件 5 份；一寸照片一张（黑白、彩色均可）；18 岁起的工作简历。

4）监事、秘书联系人身份证复印件 1 份（股东可兼任，一人有限公司必须另提供）。

5）经营场所产权证明、租赁协议及房租发票复印件 3 份。

6）《公司章程》《企业设立登记申请书》《企业名称预先核准通知书》及《预核准名称投资人名录表》《指定（委托）书》《企业秘书（联系人）登记表》；《股东名录》《董事、经理、监事成员名录》（申报人制作）和《企业设立登记申请书》等资料的格式、表格及要求可在所在地工商行政管理部门的官方网站下载后制作即可。

7）会计师事务所或审计师事务所出具的《验资报告》。

8）经营范围涉及前置许可项目的，应提交有关审批部门的批准文件。

（二）办理流程

工商局核准拟设立企业的名称→注入资金到指定账户验资→工商局申办营业执照→刻章→技术监督局办组织机构代码→税务登记 →到银行开立基本账户→划回注册资金。

1. 到属地工商局核准企业名称

核准企业名称应首选一个，备用四个，具体应注意以下事项。

1）企业名称不得含有其他法人（企业法人或自然法人）的名称，国家工商行政管理局另有规定的除外。

2）企业名称不得含有另一个企业名称，企业分支机构的名称应当冠以其所从属企业的名称。

3）企业名称应当使用符合国家规范的汉字，不得使用外国文字、汉语拼音字母、阿拉伯数字等符号。企业名称需译成外文使用的，由企业依据文字翻译原则自行翻译使用，不需报工商行政管理机关。

4）企业名称应当由行政区划、字号、行业、组织形式依次组成，法律、行政法规和本办法另有规定的除外。

5）除国务院决定设立的企业外，企业名称不得冠以"中国"、"中华"、"全国"、"国家"、"国际"等字样。如使用该字样应当是行业的限定语。使用外国（地区）出资企业字号的外商独资企业，可以在名称中间使用"（中国）"字样。

6）企业名称中的行政区划是本企业所在地县级以上行政区划的名称或地名。市辖区的名称不能单独用作企业名称中的行政区划。市辖区名称与市行政区划连用的企业名称，由市工商行政管理局核准。

7）具备下列条件的企业法人，可以将名称中的行政区划放在字号之后，组织形式之前：①使用控股企业名称中的字号；②该控股企业的名称不含行政区划。

8）企业名称中的字号应当由 2 个以上的字组成。行政区划不得用作字号，但县以上行政区划的地名具有其他含义的除外。

9）企业名称可以使用自然人投资者的姓名作字号。

10）企业名称中的行业表述应当是反映企业经济活动性质所属国民经济行业或者企业经营特点的用语。企业名称中行业用语表述的内容应当与企业经营范围一致。

11）企业经济活动性质分别属于国民经济行业不同大类的，应当选择主要经营活动性质所属国民经济行业类别用语表述。

12）企业名称中不使用国民经济行业类别用语表述企业所从事行业的，应当符合下列条件：①企业经济活动性质分别属于国民经济行业 5 个以上大类；②企业注册资本（或注册资金）1 亿元以上或者是企业集团的母公司；③与同一工商行政管理机关核准或者登记注册的企业名称中字号不相同。

13）企业为反映其经营特点，可以在名称中的字号之后使用国家（地区）名称或县级以上行政区划的地名。

14）企业名称不应当明示或者暗示有超越其经营范围的业务。

15）企业名称不得含有淫秽暴力等有损精神文明的文字。

2. 存入资金到指定账户验资或评估验资

1）有限责任公司注册资本的最低限额为人民币三万元。法律、行政法规对有限责任公司注册资本的最低限额有较高规定的，从其规定。

2）有限责任公司的注册资本为在公司登记机关登记的全体股东认缴的出资额。公司全体股东的首次出资额不得低于注册资本的百分之二十，且不得低于法定的注册资本最低限额三万元，其余部分由股东自公司成立之日起两年内缴足；投资公司可以在五年内缴足。

3）股东可以用货币出资，也可以用实物、知识产权、土地使用权等，可用货币估价并可依法转让的非货币财产作价出资；法律、行政法规规定不得作为出资的财产除外。对出资的非货币财产应当由具有资质的评估机构评估作价，出具验资报告。法律、行政法规对评估作价有规定的，从其规定。全体股东的货币出资金额不得低于有限责任公司注册资本的百分之三十。

4）各股东应当按期足额缴纳公司章程中规定的各自所认缴的出资额。股东以货币出资的，应当将货币出资足额存入验资机构（会计师事务所或审计师事务所）指定的账户，待出具验资证明后再转入新设立公司在银行开立的账户；以非货币财产出资的，经评估验资出具验资证明后，应依法办理其财产权的转移手续。股东不按照前款规定缴纳出资的，除应当向公司足额缴纳外，还应当向已按期足额缴纳出资的股东承担违约责任。

3. 工商局办营业执照

将所需资料准备齐全（所有纸质的文档资料必须统一使用 A4 纸，有签字盖章的必须是原件），连同验资机构验资出具的验资证明一起提交给所在地工商行政管理局，五个工作日后，即可取到《企业法人营业执照》，一份正本，一份或两份附本，以及允许开立银行存款基本账户的开户证明。

4. 刻章

在工商行政管理局取到核发的《企业法人营业执照》的正本一份和副本一份之后，必须到其指定的印章公司去刻制公司经营活动所需要的各种印章：

1）公司的行政公章：主要用于公司对内或对外的行政事务，如对外签订普通合同协议，对内颁布规章制度等。

2）公司的合同专用章：主要用于公司对外签订专项合同协议，如工矿产品购销合同、农副产品收购合同等。

3）公司的财务专用章：主要用于与银行往来或客户结算，如企业预留在银行的印鉴式样；与客户往来的单据等。

4）公司法人代表的私章：主要用于公司对外的行政事务，如对外签订合同协议及企业预留在银行的印鉴式样等。

5）公司的发票专用章：主要用于开具发票专用，如开具增值税发票、普通发票等。

以上各种印章必须妥善保管，建立用章签字制度，即用章前必须在登记簿上写明何时、何人、将印章用于何处、是否将印章带离公司、何时归还、用章人签字等，以此确保公司印章使用的安全。

5. 技术监督局办组织机构代码

组织机构代码是对中华人民共和国内依法注册、依法登记的机关、企、事业单位、社会团体和民办非企业单位颁发一个在全国范围内唯一的、始终不变的代码标识。

企业在取得工商营业执照和刻制好企业印章之后，必须在 30 天内，携带相关资料到经营地点所属技术监督局办理组织机构代码，领取组织机构代码证。

1）企业营业执照原件及复印件。

2）法定代表人及经办人身份证原件，复印件。

3）技术监督局要求提供的其他资料。

以上所有复印件均需加盖企业行政公章。

税务登记、银行开户和划转资金将在第二节、第三节做介绍。

二、营业执照的管理

《企业法人营业执照》是企业合法身份的证明书，对其保管和使用都有严格的要求，必须认真遵守才可确保安全。

1）在领取《企业法人营业执照》正副本的时候，必须认真核对企业名称、法人代表、注册资金、经营范围等项目与所申报的内容是否一致，如有误差，可及时要求更正。一般情况下是正本一份附带镜框，副本一份附带塑料壳，如业务范围较广，可申请多发一份副本。

2）正本应复印几份备用，复印件由专人保管，原件装在附带的镜框中，与税务登记证的正本一起，悬挂在公司办公室醒目的位置，一般不随便动用。

3）副本装入附带的塑料壳，由专人保管，实行领用登记制度，即领用前必须在登记簿上写明何时、何人、将证用于何处、是否带离公司、何时归还、领用人签字等。

4）对于复印件的使用也应严格管理。不论是正本还是副本的复印件，在使用前必须问明用途后，在复印件正面右下方空白处用小字注明"该复印件仅用于办理××事项"并加盖企业公章。

5）严禁将营业执照转借或租借他人。营业执照是证明企业法人资格的法律文书，确定了企业依法享有的民事权利和承担的民事义务，如在转借或租借他人的使用过程中产生的一切不可预见的法律风险，都必须由营业执照所有人承担。

三、营业执照的年检

（一）年检的对象

凡领取《企业法人营业执照》的有限责任公司、股份有限公司、非股份企业法人和领取《营业执照》的其他经营单位都应该按时参加年检。

（二）年检的范围

凡上一年度以前设立的企业都应该依法参加年检。

（三）年检的时限

年检起止日期为每年 3 月 1 日至 6 月 30 日，登记主管机关在规定的时间内，对企业上一年度的情况进行检查。企业应于 6 月 30 日前向登记主管机关报送年检材料。企业在规定时期内提交年检材料确有困难的，必须提前向登记主管机关提出申请，说明需要延期的理由和时间，经年检机关同意，可以适当延长报送年检材料的期限，年检机关可免予对其处罚，如果企业无正当理由在年检截至日期前未申报年检的，登记主管机关将依法予以处罚，情节严重的，吊销其营业执照。

（四）内资企业年检的内容

企业年检的内容主要包括以下四个方面：
1）企业法人登记事项的执行和变动情况。
2）投资情况。年检中检查的企业投资情况，主要是指企业以股东身份向其他公司法人的投资，或以联营者的身份在联营企业法人中的出资。
3）资产负债及损益情况。企业必须如实地在资产负债表和损益表中反映生产经营情况和资产的运用效益情况，向有关部门申报，接受其监督管理和指导。
4）投资者出资情况。投资者出资情况是指投资者按照企业章程或协议规定，准时足额投入企业的资金数额。

（五）内资企业年检的程序

企业领取、报送《年检报告书》和其他有关资料：
1）企业领取《年检报告书》。

2）《年检报告书》的填写要求，可在所属地工商行政管理部门的官方网站下载后在其提示下填制即可。

3）企业申报年检须提交的材料及要求如下。①《年检报告书》。②营业执照副本。③企业法人年度资产负债表和损益表。对于注册资金没有一次性到位的企业或工商行政管理部门认为需要提供审计报告的企业，还需提供由会计师事务所或审计师事务所出具的对其进行财务报表审计无保留意见的审计报告。④其他应当提交的材料。非法人分支机构除提交以上 4 项所列文件外，还应提交所属法人营业执照复印件。营业执照复印件应当加盖主管机关的公章。其他材料是指年检时，企业因某种情况，须向登记机关说明或报告的材料。⑤前置审批的重新认证材料。前置审批是指在关系国家安全、国计民生，以及国民经济中的重要行业、重要领域（如金融业、烟酒专卖、律师事务所和会计师事务所等）的企业设立或者经营项目，相关的法律、行政法规都规定了登记注册前必须进行审批后方可办理营业执照的制度。前置审批的方式主要有两种，一是许可证，二是批准文件。⑥经办人的身份证复印件和企业法人的授权书。⑦住所、经营场所继续租赁协议。对于租赁期限已满但未办理变更登记的企业，申报年检时，应提交住所、经营场所的继续租赁协议。

4）登记主管机关受理审核年检材料办理营业执照的年检。

5）登记主管机关加贴年检标记或加盖年检戳记。登记主管机关对核准通过年检的企业，在其营业执照上贴当年度通过年检的标识或加盖年检戳记。

6）缴纳年检费，发还营业执照。

第二节　纳税登记与申报

税务登记是整个税收征管的重要环节，是税务机关对纳税人的基本情况和生产经营项目进行登记管理的一项基本制度，也是纳税人已经纳入税务机关监督管理的证明。根据我国税法规定：凡从事生产、经营、实行独立经济核算，并经工商行政管理部门批准开业的纳税人，应当自领取营业执照之日起 30 日内，向当地税务机关（国家税局和地方税局）申报办理税务登记。本节主要介绍新办内资企业有限责任公司的税务登记，由于国家税局和地方税局所需资料和办理程序大致相同，在此以办理国家税局的税务登记为例。

一、纳税登记需要准备的资料

1）《企业法人营业执照》证件原件和复印件（一式二份）。

2）有关合同、章程、协议书原件和复印件（一式二份）。

3）组织机构代码证书原件和复印件（一式二份）。

4）法定代表人或负责人的居民身份证，护照或者其他合法证件原件和复印件（一式二份）。

5）自有房提供房产证，租用房提供房产证及房屋租赁合同（一式二份）。

6）税务登记表（一式三份）。

7）企业财务会计制度及核算软件备案报告：①企业财务会计制度及核算软件备案报告表一份，可在所属税务机关的官方网站下载后在其提示下填制即可；②体现企业行业特征的财务会计制度；③会计核算软件及使用说明书。

8）存款账户账号报告：①纳税人存款账户账号报告表一份，可在所属税务机关的官方网站下载后在其提示下填制即可；②银行开户许可证及复印件。

9）税务登记机关需要提供的其他资料。

以上所有复印件均需加盖企业公章。

二、办理地点及流程

1. 地点

在有便民服务中心的城市，可在其便民服务中心办理完营业执照和组织机构代码证之后，找到办理税务登记的窗口即可办理。否则，可到税局的对应窗口办理。

2. 流程

1）申请：纳税人提交上述资料。

2）受理、核准、发证：税务登记部门接受资料，审核合格后发给税务登记证，一份正本，一份副本。（对税务登记证的管理可参照营业执照的管理进行）

三、纳税申报的基本知识

1. 纳税申报的概念

纳税申报是指纳税人、扣缴义务人、代征人发生纳税义务以后，按照国家税收法律制度的要求，就有关纳税事项向税务机关提交书面报告的制度。纳税申报的实质是纳税人、扣缴义务人、代征人必须履行的一项法定义务。

2. 纳税申报的特点

1）纳税申报的依据是国家税收法律制度，包括全国人民代表大会制定的税收法律、国务院制定的税收行政法规、国家税务总局制定的税收部门规章、省自治区直辖市人民政府制定的税收地方规章，以及各级税务机关在实际执行过程中的具体规定。

2）纳税申报的依据既有《中华人民共和国税收征收管理法》及其实施细则、《中华人民共和国发票管理办法》等程序性规定，又有《中华人民共和国企业所得税法》及其实施细则、《中华人民共和国增值税暂行条例》及其实施细则等实体性规定，还有各级税务机关针对具体税种的纳税申报具体要求等执行性规定。

3）纳税申报不以纳税人、扣缴义务人、代征人发生相关义务为前提，即使没有相关纳税义务，按国家税收法律制度规定需要进行纳税申报的，也必须进行申报。例如，纳税人正处于减免税期间或当期没有发生经济业务发生的。

4）纳税申报是纳税人、扣缴义务人、代征人必须履行的一项法定义务，具有强制性，否则将要承担相应的法律责任。

5）纳税申报作为一项操作技能，要求财会人员在准确掌握、深刻领会税收法律制度的基础上进行，才能减少或避免涉税风险，正当维护纳税人的合法权益。

3. 纳税申报的意义

对征收方（税务机关）而言，纳税申报是进行税款征收、税务稽查的基础。

对缴纳方（纳税人、扣缴义务人、代征人）而言，纳税申报处于税款计算、税款缴纳的中间环节，对纳税人完整履行宪法和法律规定的纳税义务起者承上启下的作用。

4. 纳税申报的对象

纳税申报的对象是指按照国家税收法律制度规定,应该履行纳税申报、税款扣缴（包括代扣代缴、代收代缴、委托代征）报告的单位或个人，具体包括以下几个方面。

1）依法已向税务机关办理税务登记的纳税人。①各项收入均应当纳税的纳税人；②全部或部分产品、项目或者税种享受减税、免税照顾的纳税人；③当期营业额未达起征点或没有营业收入的纳税人；④实行定期定额纳税的纳税人；⑤应当向国家税务机关缴纳企业所得税以及其他税种的纳税人。

2）按规定不需向税务机关办理税务登记，以及应当办理而未办理税务登记的纳税人。前者如个人所得已达一定标准的个人，后者如违法经营的纳税人。

3）扣缴义务人，如《中华人民共和国增值税暂行条例》《中华人民共和国营业税暂行条例》《中华人民共和国企业所得税法》《中华人民共和国个人所得税法》等实体税法明文规定的扣缴义务人。

4）税务机关确定的委托代征单位，委托代征屠宰税、车辆购置税的单位。

5. 纳税申报的内容

纳税申报的内容要根据纳税人具体的生产经营情况所涉及的或代扣代缴、代收代缴以及委托代征的具体税种确定。本节从整体的角度出发，综合概括如下。

1）纳税人、扣缴义务人、代征人应当到当地国家税务机关领取纳税申报表、代扣代缴、代收代缴税款报告表、委托代征税款报告表，按照表式内容全面、如实填写，并按规定加盖印章。

2）纳税人办理纳税申报时，应根据不同情况提供下列有关资料和证件。①增值税专用发票领、用、存月报表，增值税销项税额和进项税额明细表；②会计报表及其说明资料；③与纳税有关的经济合同、协议书、联营企业利润转移单；④外出经营活动税收管理证明；⑤主管税务机关规定应当报送的其他证件、资料。

3）扣缴义务人或者代征人应当按照规定报送代扣代缴，代收代缴税款的报告表或者委托代征税款报告表，代扣代缴、代收代缴税款或者委托代征税款的合法凭证，与代扣代缴、代收代缴税款或者委托代征税款有关的经济合同、协议书。

从以上规定中可以看出，纳税申报、税款扣缴报告是按具体税种进行的，其中最主要的是不同税种纳税申报表、代扣代缴报告表的填制和报送，具体的内容将在《纳税实务与操作》教程中加以介绍。

6. 纳税申报的期限

1）各税种的申报期限为：①缴纳增值税、消费税的纳税人，以一个月为一期纳税的，于期满后十日内申报，以一天、三天、五天、十天、十五天为一期纳税的，自期满之日起五日内预缴税款，于次月一日起十五日内申报并结算上月应纳税款。②缴纳企业所得税的纳税人应当季度终了后十五日内，向其所在地主管税务机关办理预缴所得税申报；内资企业在年度终了后四十五日内、外商投资企业和外国企业在年度终了后四个月内向其所在地主管国家税务机关办理所得税申报。③其他税种，按税收法律、行政法规规定的期限申报。④税收法律、行政法规未明确规定纳税申报期限的，按主管税务机关根据具体情况确定的期限申报。

2）纳税人办理纳税申报的期限最后一日，如遇公休、节假日的，可以顺延。

3）纳税人、扣缴义务人、代征人按照规定的期限办理纳税申报或者报送代扣代缴、代收代缴税款报告表、委托代征税款报告表确有困难，需要延期的，应当在规定的申报期限内向主管国家税务机关提出书面延期申请，经主管税务机关核准，在核准的期限内办理。

纳税人、扣缴义务人、代征人因不可抗力情形，不能按期办理纳税申报或者报送代扣代缴、代收代缴税款或委托代征税款报告的，应当向税务主管机关提出申请，经批准后可以延期办理。但是，应当在不可抗力情形消除后立即向主管税务机关报告。

7. 纳税申报的方式

（1）上门申报

纳税人、扣缴义务人、代征人应当在纳税申报期限内到主管税务机关办理纳税申报、代扣代缴、代收代缴税款或委托代征税款报告。这种方式是目前最普遍的申报方式，由于信息时代的来临，纳税申报的方式呈多样化发展，但我国经济发展的不平衡导致了上门申报还将是未来社会最主要的申报方式。

（2）邮寄申报

纳税人按期到税务机关办理纳税申报确有困难的，经主管税务机关批准，也可以采取邮寄申报，以邮出地的邮戳日期为实际申报日期。

（3）数据电文申报

目前最通用的数据电文申报方式有网络申报、电话申报两种，特点是实现自核自缴，其优点是简单快捷。在实际工作中要注意的是，采用数据电文申报一定要获得主管税务机关的批准，在保持信息畅通和核对的同时，及时取得、保存纸制申报资料，以利于自我保护。

（4）现场申报

对临时取得应税收入以及在市场内从事经营的纳税个人，主管国家税务机关批准，可以在经营现场口头向主管税务机关（人员）申报。

8. 纳税申报的类型

（1）正常申报

是指纳税人、扣缴义务人、代征人在税收法律制度规定的申报期内办理各税种的纳税申报。

（2）非正常申报

根据不同原因，非正常申报包括以下几种情况。

1）欠税补缴，是指经主管税务机关批准延期缴纳税款或延期申报的，延期终了后向主管税务机关进行的申报。

2）迟申报，是指超过规定申报期限以后对当期应纳税款的申报。

3）检查补税，是指经税务机关对企业的纳税情况查出问题后，责令补缴税款的申报。

4）自查补税，是指企业在年度汇算或根据税务机关安排的自查过程中发现有漏税情况而进行的补缴申报。

第三节 银行账户的开立与日常事务

机关、团体、企业、事业单位，以及需要在日常经济活动中便于结算的个体工商户（以上统称为存款人），都可以在各商业银行（或农村信用社）开立存款账户。出纳员应当了解和参与银行账户的开立过程，以便日后与银行办理各种存贷款及结算业务。本节将重点介绍新办内资企业有限责任公司银行账户的开立与日常事务。

一、开立银行账户的准备

现行《银行账户管理办法》规定："存款人可以自主选择银行，银行也可以自愿选择存款人开立账户。"企业在持有工商部门核发的允许开立银行存款基本账户开户证明的情况下，可根据企业的具体情况，选择开立基本存款账户的银行。

（一）选择与适合企业生产经营情况的银行

一般应从以下几个因素加以考虑。

1）企业与银行是否就近。此因素一是关系到出纳员到银行存取现金的安全，距离太远，则需配备保安措施，否则，有安全隐患；二是影响到出纳员办理银行业务的效率。

2）银行服务设施及项目是否先进、快捷，能否直接办理异地快速结算。对于经营半径较大（跨地区、跨省或国际贸易等）的企业，对办理结算的方式和效率有较高的要求。

3）银行的规模是否与企业的资金需求量相适应，即能否在企业出现资金困难时期提供一定的信贷支持。企业的规模大小决定着对信贷资金的需求额度，在具备信贷条件的前提下，能否高效、快捷地为企业提供资金供给，也是企业选择开立基本存款账户时需考虑的一个重要因素。

（二）了解开立银行账户的基本程序

现行《银行账户管理办法》规定，银行存款账户分为四种：①基本存款账户；②一般存款账户；③临时存款账户；④专用存款账户。存款人首先应在一家商业银行开立基本存款账户，因为它是存款人办理日常转账结算和现金收付的账户。存款人的工资、资金等现金支取，只能通过本账户办理，其开立程序如下。

1）必须具备开户的基本条件包括以下两点。①当地工商行政管理部门核发的《企业法人执照》或《营业执照》正本；②经工商部门指定的印章公司刻制的与营业执照名称相同的公章与财务专用章、企业法人的名章、财务主管人员的名章，以及出纳员的名章。以财务专用章，再配以企业法人的名章、财务主管人员的名章以及出纳员的名章（三选一）作为在银行的预留印鉴。

2）向商业银行（或农村信用社）申请开户，填写开户申请书（或申请表）。

3）在开户行签署的"同意在我行（社）开户"的申请书（或申请表）之后，再向开户行提交营业执照正本、组织机构代码证、税务登记证等的复印件（加盖公章），由其向当地人民银行领取《开户许可证》。

4）将《开户许可证》的副本留存开户银行，银行据此立户，并按银行要求在备查印鉴卡上预留印鉴。

5）向开户银行购买一定数量的转账支票、现金支票及办理相关结算业务所需的空白单据。

6）按开户银行要求，在开立的账户内转入或存入一定数量的资金，以备使用。

通过以上六个步骤，即可完成基本存款账户的开立。

（三）其他账户的开立

1）一般存款账户是企业在基本存款账户以外的银行借款转存及与基本存款账户的企业不在同一地点的附属非独立核算单位的账户，企业可以通过本账户办理转账结算和现金缴存，但不能办理现金的支取。

2）临时存款账户是企业因临时经营活动需要开立的账户。企业可以通过本账户办理转账结算和根据国家现金管理规定办理现金收付。

3）专用存款账户是企业因特定用途需要，依据有关部门批准的立项文件，或是按照国家有关文件的规定，申请开立的专用资金账户。

上述一般存款账户、临时存款账户、专用存款账户的开立程序较基本存款账户简单。无须核发《开户许可证》，只要求各开户银行自行审查，在开户和撤销之日起 7 日内向当地中国人民银行分支机构申报即可。

二、开户申请表（书）的填写

（一）基本情况的填写

根据工商行政管理部门核发的《企业法人营业执照》的相关内容据实填列，以中国工商银行某分行的单位开户申请书为例（表 11-1）进行简要说明。

表 11-1 中国工商银行_____分行

单位开户申请书

申请开户企业名称		申请开立账户名称（全称）	
企业性质（类型）		工商管理局批准文号	
经营地址		申请开户企业电话	
上级主管部门		上级主管部门电话	
申请单位盖章： （正式公章及负责人章） 年 月 日		上级主管单位意见： （盖章） 年 月 日	
银行调查意见：		科目归属	
		账 号	
		支票或存折户	
		是否计息	
审批意见： （银行盖章） 年 月 日			

1）申请开户企业名称的填写可以用简称。如：昆明龙之鑫贸易有限责任公司，可简称为：昆明龙之鑫贸易公司。

2）申请开立账户名称（全称）的填写必须根据《企业法人营业执照》上确定的名称填写。

3）工商管理局批准文号可根据《企业法人营业执照》上的注册号填写。

4）企业性质（类型）可根据《企业法人营业执照》上公司类型的内容填写。

5）经营地址可根据《企业法人营业执照》上住所的内容填写。

6）申请开户企业电话和上级主管部门电话应当填写财务或会计部门的电话。

（二）账户基本情况的填写

根据工商行政管理部门核发的《企业法人营业执照》的相关内容据实填列，以中国工商银行某分行的单位开户申请书为例（表 11-2）进行扼要说明。

表 11-2　账户基本情况

生产、经营范围	
商品、原料来源	
主要产品	
营销方式和范围	
利润或亏损	
专项基金	
财务管理	
现金库存限额	
发薪日期	
职工人数	

1）生产、经营范围可根据《企业法人营业执照》的经营范围填写。

2）商品、原料来源、主要产品及营销方式和范围可根据《公司章程》和筹建企业时的《可行性报告》中的有关内容简要填写。

3）利润或亏损、专项基金可根据企业运转初期的资产负债表和利润表的相关数据填写。

4）财务管理可填写企业已经建立的财务会计制度。如会计核算规程、出纳岗位责任制度、差旅费报销制度、成本核算规程等。

5）现金库存限额可根据核定的企业零星开支现金需要量填写。

6）发薪日期根据企业人事部门的管理需要填写。

7）职工人数以企业的正式员工（与企业签有劳动合同）人数为准。

三、存取现金应注意的事项

现金的存取是非银行企业出纳员的一项既辛苦又颇具风险的业务，主要表现为：①没有专设的保卫措施；②必须在银行关门以前完成现金的存取事项，因此，要求出纳员对当天现金的收付情况做到心中有数，准备在前。

1）严格遵守现金库存限额制度。无论当天收付多少现金，留存在保险柜中的现金不得超过核定的现金库存限额。

2）掌握银行关门的时间、企业与银行之间沿途的路程时间及社会治安状况。大额的收款，应当确保有整理钞币和送存银行的充足时间；大额的付款，在必须由出纳员取款支付的情况下，应向领导反映派保卫人员随行。

3）无论是去银行存款或取款，尽量不要让无关人员知道。

4）在节假日，特别是黄金周假日，一定要在放假前，将能够存的现金存入银行，并申请保卫部门或公司办公室对保险柜和出纳室贴上封条，收假时应先检查封条有无异常情况，正常时可开启进入工作；异常时，应保留原状态，立即报告领导或保卫部门。

5）印章和空白票据应分开保管。

四、与银行往来单（票）据的传递

企业与银行之间结算的凭据是各种单（票）据。这单（票）据一方面是企业编制记账凭证的原始凭证，另一方面又是企业与银行在对账过程中发生差异时据以核对的有效凭据，因此，企业出纳员应当及时、完整地做好与银行之间单（票）据的传递。

1）企业开具现金支票和转账支票时，这两种支票的存根应当用剪刀沿划有虚线的地方剪下留存连同相关发票一做付款的原始凭证，正联交银行作提取现金或转账的凭证；

2）到银行存现金或收到客户的支票进账时，须先填写现金进账单或转账进账单一式两联，进账后将银行盖有业务章的第一联带回，现金进账单做现金缴存银行的原始凭证，转账进账单又可分以下两种情况：①直接到付款人开户行进账的，其进账单可连同相关发票（收据）做收款的原始凭证。②在本企业开户行进账的，应隔日无银行的退票通知时再连同相关发票（收据）做收款的原始凭证，如接到银行的退票通知，应及时到银行拿取退票通知单与付款人交涉。需要注意的是，在收到客户的支票时，应当看清该支票上的出票日期，在规定的时期内（自出票之日起十天内，节假日顺延，但中国人民银行另有规定的除外）到银行进账，过期银行不予受理。

3）办理银行本票、银行汇票及汇兑的业务时，将银行签发的银行本票、银行汇票带回造册登记签字后交有关使用人员，同时，将银行盖有业务章的回执联的第一联或申请书第一联带回做账务处理的原始凭证。

4）办理委托收款或托收承付业务时，一方面需将盖有银行业务章得委托收款或托收承付凭证的第一联带回，另一方面还须与银行保持密切联系，查询委托收款或托收承付的款项是否按时、足额到账，如果足额到账，可将带回的第一联连同相关单据做收款账务处理的原始凭证，如果部分或全额被拒付，应及时到银行拿取未付款项通知书或拒付理由通知书，提交相关部门与付款人交涉，将银行实际收到金额的单据作账务处理。

5）对供货商的托收承付、其他业务单位（如电信、供电、供水等部门）的委托收款及汇兑业务等，应根据企业内部采购、销售、行政等部门提供的合同协议等结算通知书，及时到银行拿取，将承付情况告知相关部门。在月初的头几天或月末的最后几天，可以取到诸如电信、供电、供水等部门委托收取的电话费、电费及水费等的单据。

6）在月初的第一个工作日，可到银行拿取上月的对账单。企业出纳员应当及时根据对账单上的往来明细情况与银行日记账逐笔核对，对于正常的未达账项，可通过编制"银行存款余额调节表"调整一致，对于异常情况，应及时与银行核对，找出原因。

练 习 题

1．申报营业执照需要准备哪些资料？
2．纳税登记需要准备哪些资料？
3．开立银行账户要做哪些准备？
4．怎样填写开户申请表（书）？

主要参考文献

刘彩珍. 2006. 计算与点钞技能. 4 版. 成都：西南财经大学出版社.

罗荷英. 2009. 计算技术与点钞. 大连：东北财经大学出版社.

田国强. 2009. 出纳实务. 3 版. 上海：立信会计出版社.

杨令芝. 2009. 出纳实务. 上海：立信会计出版社.